CHRISTOPH RAU

STRUKTUR UND RHYTHMUS IM JOHANNES-EVANGELIUM

CHRISTOPH RAU

Struktur und Rhythmus im Johannes-Evangelium

Eine Untersuchung über die Komposition des vierten Evangeliums

VERLAG URACHHAUS STUTTGART

SCHRIFTEN ZUR RELIGIONSERKENNTNIS

Beiträge zur theologischen Forschung

HERAUSGEGEBEN VON LIC. ROBERT GOEBEL

Kurt von Wistinghausen und Walter Junge
Gesamtherstellung Greiserdruck Rastatt
ISBN 3 87838 157 3

INHALT

V. Einzelfragen

Zuletzt hat Johannes in der Erkenntnis, daß die menschliche Natur in den Evangelien bereits behandelt sei, auf Veranlassung seiner Schüler und vom Geiste inspiriert ein geistiges Evangelium verfaßt.

CLEMENS VON ALEXANDRIEN
bei Eusebius, Kirchengeschichte VI, 14 5 ff.

1. Voraussetzungen

Von Anfang an hat das Johannes-Evangelium zu den Schriften gehört, die im christlichen Gottesdienst zur Vorlesung gelangten. Und dies ist das erste Wunder: daß dieses Evangelium mit seinen alle kirchlichen Grenzen durchbrechenden Ansichten in den Kanon der neutestamentlichen Schriften überhaupt aufgenommen wurde und seinen Platz bis auf den heutigen Tag behaupten konnte. Solche Formulierungen wie die von den Schafen, die nicht aus dieser Hürde sind, oder von dem Geist, der zur ganzen Wahrheit führen werde, mußten den Widerspruch derer herausfordern, die zu allen Zeiten meinen, bereits im Besitz der vollen Wahrheit zu sein. So sind denn auch schon sehr früh Stimmen gegen das Johannes-Evangelium laut geworden innerhalb des zu einer festen Institution gerinnenden Kirchenchristentums. Bereits gegen Ende des 2. Jahrhunderts, also kaum hundert Jahre nach der Entstehung des vierten Evangeliums, bildete sich in Kleinasien eine Partei, die das Johannes-Evangelium nicht anerkennen wollte. Ihre Vertreter stießen sich daran, daß in diesem Evangelium der Ausgangspunkt der öffentlichen Wirksamkeit Jesu ganz anders beschrieben wird als in den übrigen drei Evangelien. Epiphanius legte darum dieser Gruppe den Namen »Aloger« bei, was so viel heißt wie »Logosleugner« oder gar »Unverständige«.[1] Als ebenfalls im 2. Jahrhundert der Montanismus mit seiner Überbetonung des prophetischen Elementes und Billigung weiblicher Vertreter des Prophetenamtes für die Kirche eine Gefahr zu werden schien, ließen sich einige Christen in ihrem Eifer so weit treiben, mit dem Montanismus auch das Johannes-Evangelium zu verwerfen. Die in ihm enthaltene Verheißung des Parakleten und künftiger Offenbarungen habe den Anstoß zur Entstehung der montanistischen Ketzerei gegeben.[2]

Es ist wohl nur der Verehrung zu verdanken, die man für den greisen Presbyter von Ephesus empfand, daß sein Evangelium weiterhin, trotz starker Angriffe von den verschiedensten Seiten, anerkannt wurde. Einige radikale Gegner des von Johannes vertretenen pneumatischen Christentums behaupteten, das Johannes-Evangelium und die Apokalypse stammten nicht von Johannes, sondern von seinem Widersacher Kerinth, der zur selben Zeit in Ephesus lebte. Doch IRENÄUS, der in der zweiten Hälfte des 2. Jahrhunderts wirkende Kirchenvater, vertrat eine andere Ansicht: Das Johannes-Evangelium sei geschrieben, um den Ketzereien des Kerinth entgegenzutreten.[3] Daraus ist dann gefolgert worden, das 4. Evangelium sei als Kampfschrift gegen die Gnosis im allgemeinen konzipiert worden. Wie ließe sich mit einer solchen Anschauung vereinbaren, daß gerade Gnostiker die ersten Ausleger dieses Evangeliums waren? PTOLEMÄUS und HERAKLEON, beide Vertreter des italischen Zweiges der valentinianischen Gnosis, empfanden die Inhalte des Johannes-Evangeliums offenbar nicht als widersprüchlich zu ihrer Lehre, sondern verstanden sie als deren Fundament.[4] So bedarf die Aussage des Irenäus einer genaueren, einschränkenden Bestimmung.

Ohne die Gefahr unterschätzen zu wollen, die dem Christentum seitens eines wirklichkeitsflüchtigen Spiritualismus damals wie heute droht, ist es dennoch verfänglich, ein Evangelium als Kampfschrift aufzufassen. Das uns so geläufige rationalistische Zweckdenken erreicht nicht die Ebene, auf der die Evangelien entstanden sind. Evangelien sind, was ihr Name sagt: Kundgebungen, Botschaften. Als die Zeit der Verkündigung aus dem Munde der Apostel ihrem Ende entgegenging, wurden bestimmte Tatsachen aus dem positiven Bestreben heraus schriftlich fixiert, eine Grundlage für die Verkündigung im christlichen Gottesdienst zu schaffen. Apologetische Tendenzen sind den Evangelienschreibern im Grunde fremd; sie gehören erst in den Bereich der Sekundärliteratur. So ist Tertullians »Apologeticum« ein typischer Vertreter dieser Literatur, ebenso des Origenes Schrift

»Gegen Celsus«. Den Evangelien gegenüber muß man sich jedoch damit vertraut machen, daß es Dinge gibt, die einfach durch sich selbst sind: »Die Ros' ist ohn' Warum . . .« (A. Silesius).

Das Johannes-Evangelium stellt hierin keine Ausnahme dar; im Gegenteil, als das »geistige« Evangelium ist es den äußeren Ursachen und Zwecken am meisten entrückt; seine Gründe liegen im Geistigen, sind aber dennoch dem menschlichen Nachdenken erkennbar, wenn es sich auf diese geistige Grundlage einläßt. Das Johannes-Evangelium ist nicht »gegen« irgend etwas geschrieben, sondern »für«. Darum haben eher jene recht, die es als ein »Buch für die Gemeinde« bezeichnen im Unterschied zu den anderen drei Evangelien, die von denselben Gelehrten »Missionsschriften« genannt werden.[5] Wenn man den Ausdruck »für die Gemeinde« so versteht, daß er nicht nur auf eine Gemeinschaft, sondern ebensogut auf jeden einzelnen sich bezieht, der tiefer in die ihm bereits bekannten Tatsachen des Erdenlebens Christi einzudringen bemüht ist, dann wird man es richtig einordnen. So gesehen sind im Sinne des Apostels Paulus die drei ersten Evangelien »Milch« für die Anfänger im Glauben, während es sich bei dem Johannes-Evangelium um »feste Nahrung« für die Fortgeschrittenen handelt (nach I. Kor. 3 2). Auf diesem Wege bahnt sich ein Verständnis dafür an, daß die Gnostiker sich als erste für das Johannes-Evangelium interessierten; kam doch die Art der Schilderung ihrem Streben nach erkenntnismäßiger Vertiefung der evangelischen Erzählungen weit entgegen.

Das Urchristentum kannte neben dem schriftlich überlieferten Evangelium eine »Geheimüberlieferung«, die Christus drei auserwählten Aposteln anvertraut haben soll. Ein anderer Name für diese Geheimlehre ist »Gnosis«, und zwar die echte Gnosis im Unterschied zu der »fälschlich so genannten Gnosis«, welche in gewissen häretischen Strömungen zur Ausbildung phantastischer Spekulationen angewendet wurde. Die Unterscheidung zwischen den beiden Arten von Gnosis war z. B. dem Kirchenvater Irenäus durchaus geläufig. Die »echte Gnosis« bildete die

Erkenntnisgrundlage für die christliche Verkündigung und für die kultische Praxis, die beide aus sich heraus unverstanden und darum anfechtbar für einen tiefer dringenden Sinn bleiben mußten. Erst der »Schlüssel der Erkenntnis« öffnete den Zugang dazu, *wie* die einzelnen Lehren zu verstehen sind und *warum* etwa die christlichen Sakramente so gefeiert werden. Zu Unrecht wurde mit der falschen auch die echte Gnosis aus einer Kirche vertrieben, die sich spätestens seit Konstantin darauf einstellte, für die breite Masse dazusein, und die es allmählich aufgab, das zu verstehen, was gelehrt und ausgeübt wurde. An die Stelle der stufenweise zu erlangenden Einsicht trat das autoritativ verkündete Dogma. In dem Maße, wie die früher lebendige Kirche veräußerlicht zur Institution erstarrte, löste sich eine Strömung vom offiziellen Kirchentum, die das tiefe Verständnis für das Christentum weiterpflegte.

Das Johannes-Evangelium blieb kirchlich anerkannter Bestandteil des Neuen Testaments. Nicht zuletzt mag ihm diese unbezweifelte Anerkennung zuteil geworden sein durch die Kommentare so bedeutender Kirchenlehrer wie CLEMENS und ORIGENES von Alexandrien sowie THEOPHILUS von Antiochien. Deren Leben und Wirken gehört aber auch noch in das Ende des 2. bzw. in den ersten Anfang des 3. Jahrhunderts, lange bevor Konstantin den Umschwung zum Staatskirchentum auslöste. Als in späteren Jahrhunderten die *Mystiker* sich aus freiem Entschluß daran gaben, die christlichen Lehren nicht nur zu behaupten, sondern erkennbar und vor allem innerlich erlebbar zu machen, gerieten sie in scharfen Gegensatz zu dem weiter verhärteten Kirchendenken. Die ganz von johanneischem Geist durchtränkten Predigten und Schriften eines MEISTER ECKHART wurden vor die prüfenden Augen der Inquisitoren gelegt. Ihr Urheber mußte sich vor den Dominikanern in Köln verantworten, die ihn zum Schweigen verurteilten. Erst die Reformation brachte die Befreiung vom kirchlichen Dogma. Damit öffneten sich auch neue Möglichkeiten für den Umgang mit dem Johannes-Evangelium;

Möglichkeiten, die allerdings bis heute kaum ergriffen wurden, weil man sich ihrer noch nicht bewußt ist.

Martin Luther stand den Kreisen der deutschen Mystik innerlich nahe und lobte das Johannes-Evangelium als »das einige zarte rechte Hauptevangelium, und den anderen dreien weit, weit vorzuziehen«.[6] Zwingli äußerte sich in echter Begeisterung: »Nimm das Johannes-Evangelium fort, und du hast der Welt die Sonne genommen.«[7] Im 18. Jahrhundert waren es die »schwäbischen Kirchenväter« J. A. Bengel und Fr. Chr. Oetinger, die den johanneischen Geist pflegten. Sie schöpften ihre Erkenntnisse vor allem aus der Apokalypse; daneben erweckten sie ein neues Bewußtsein für die Tatsache der Vier-Evangelien-Einheit: Bengel mit seinem »Gnomon« und Oetinger mit seinem »Abriß der evangelischen Ordnung zur Wiedergeburt.« – Für die protestantische Theologie des 19. Jahrhunderts, die sich in steigendem Maße naturwissenschaftlicher Methoden bediente und damit die geistigen Werte einseitig irdischen Maßstäben unterwarf, konnte die alte Hochschätzung des Johannes-Evangeliums nicht mehr gelten. Sie sah in ihm nur noch eine fromme Dichtung, eine Art hymnischen Lobpreises, dem als einem Produkt der menschlichen Phantasie keine ernsthafte Bedeutung zuzumessen ist, vor allem kein historischer Wert.[8] Nur wenige Forscher wagten, für die Echtheit des Johannes-Evangeliums einzutreten. Zu ihnen gehören Zahn, Luthardt, Godet und der heute kaum bekannte Ernst Wilhelm Hengstenberg mit seinem dreibändigen Kommentar zum Johannes-Evangelium[9]; sein Werk enthält eine Reihe von Beobachtungen, die für die Struktur-Erkenntnis dieses Evangeliums wichtig sind und auf die wir noch zu sprechen kommen.

Noch bevor Rudolf Steiner seine größeren Vortragsreihen über die Evangelien begann, wandte er sich gegen jede Geringschätzung des Johannes-Evangeliums: »Es ist nicht nur eine Dichtung, sondern ein Lebensbuch. Der allein weiß, was das Johannes-Evangelium ist, der es erlebt hat.«[10]

Die theologische Wissenschaft ist von sich aus noch im ersten

Drittel unseres Jahrhunderts über ihren einseitigen Standpunkt hinausgelangt; so äußerte ERNST VON DOBSCHÜTZ:

»Andererseits war es doch eine Verirrung, die heute wohl allgemein als solche erkannt ist, wenn die kritische Theologie des 19. Jahrhunderts das Ganze als eine philosophische Dichtung ansah... Überhaupt paßt der Gedanke einer philosophischen Dichtung gar nicht auf das 4. Evangelium. Es ist religiöse Meditation, Meditation über die Geschichte.«[11]

Aber noch ist die Wissenschaft im allgemeinen weit davon entfernt, das Johannes-Evangelium in seiner vollen Qualität zu begreifen, noch wird seine Bedeutung vorwiegend darin gesehen, daß es um irgendeiner apologetischen Tendenz willen verfaßt worden sei. Manche verstehen es als eine Kampfschrift gegen gnostische Lehren an der Wende vom 1. zum 2. Jahrhundert, andere wollen in ihm den Einfluß einer »kirchlichen Redaktion« bemerken, die »den Sakramentsglauben und die Zukunftseschatologie in das Johannes-Evangelium hineinkorrigierte«.[12] Andere meinen, verschiedene literarische Schichten unterscheiden zu müssen [so schon E. von Dobschütz in dem erwähnten Aufsatz (s. Anm. 11)], die wiederum von anderen Gelehrten auf lokalisierbare mündliche Traditionen — der Bewohner von Galiläa und Samarien einerseits, der Bewohner von Judäa und Jerusalem andererseits — zurückgeführt werden. Besonders häufig wird die Vertauschung einzelner Kapitel oder Abschnitte vorgenommen, um die vermeintlich gestörte Anordnung innerhalb des Evangeliums »richtigzustellen«; hier sind die Namen EDUARD SCHWEIZER, RUDOLF BULTMANN und R. SCHNACKENBURG zu nennen.[13] Besonders radikale Eingriffe in die Reihenfolge der Kapitel erwägt der Historiker K. A. ECKHARDT. Sein Vorgehen ist ein typisches Beispiel für die Irrwege, auf die man geraten muß, wenn ein Evangelium aus dem Zusammenhang der Vier-Evangelien-Einheit gerissen und aus sich selbst heraus erklärt wird. Durch die Textumstellungen kommt Eckhardt dann auch zu so befremdlichen Schlüssen wie diesen: die Lehrtätigkeit Jesu habe nicht drei, sondern nur ein

Jahr gedauert, auch sei Jesus gar nicht von Johannes dem Täufer getauft worden (da die Taufe nur in den anderen Evangelien geschildert wird); zu guter Letzt fallen nach seiner Meinung »Auferstehung, Himmelfahrt und Ausgießung des Heiligen Geistes ... auf ein und denselben Tag«.[14] Andererseits gelang es Eckhardt anhand von astronomischen Tabellen, das Datum des Kreuztodes genau festzulegen:

»Nach astronomischer Berechnung trat der Vollmond am Freitag, den 3. April 33 n. Chr. 17 Uhr 14 Minuten ein. An diesem Tage — und wenn man nicht zu etwas gewaltsamen Umdeutungen greifen will, an denen es freilich nicht mangelt: n u r an ihm — trafen also die chronologischen Voraussetzungen, die das vierte Evangelium nennt, zusammen.«[15]

Dieses Ergebnis stimmt überein mit dem, was Rudolf Steiner fünfzig Jahre zuvor in seinem »Kalender 1912/13« zum Datum des 3. April bemerkt:

»Der 3. April 33 ist nach geisteswissenschaftlichen Ergebnissen Todestag Jesu Christi.«

So verdanken wir Eckhardt den Hinweis, daß das Johannes-Evangelium Mitteilungen enthält, die mit den Mitteln der astronomischen Wissenschaft nachgeprüft werden können. Daraus erhellt, daß dieses Evangelium nicht länger als unverbindliches Phantasie-Produkt abgetan, sondern als historisches Dokument ernst genommen werden kann.

In einer von der Wissenschaft kaum beachteten Arbeit hat Rudolf Meyer nachgewiesen, daß gerade Johannes von allen vier Evangelisten den historischen Verlauf der drei Jahre zwischen Jordantaufe und Golgatha-Ereignis am genauesten wiedergibt. Ein auffallendes Merkmal des Johannes-Evangeliums liegt darin, daß es nur von wenigen Ereignissen berichtet, diese aber fast durchgehend in Zusammenhang mit den großen jüdischen Festen erwähnt. Ohne irgendwelche Kapitel-Vertauschungen ergibt sich nach R. Meyers Darstellung ein Stufengang durch die 40 Monate zwischen der Jordantaufe und der Kreuzigung.[16]

Am tiefsten ist wohl in unserer Zeit FRIEDRICH RITTELMEYER in den Ideengehalt des Johannes-Evangeliums eingedrungen. Ihm verdanken wir das Wissen um die Besonderheit der sieben großen Ich-Bin-Worte und um die dreifache Erdenoffenbarung Christi in Wort, Werk und Wesen. In Rittelmeyers Arbeiten liegen wesentliche Voraussetzungen für die konsequente Erforschung der Struktur-Gesetze vor.[17] Weitere wichtige Grundlagen für die Struktur-Erkenntnis haben ERNST LOHMEYER und RUDOLF FRIELING geschaffen; beide erkannten den Wert der »zahlenmäßigen Ordnung« dieses Evangeliums.[18]

Die Aufgabe unserer Untersuchung besteht darin, unbefangen an den Wortbestand des Johannes-Evangeliums heranzutreten, dabei die dem Ganzen zugrunde liegende Idee sich zu vergegenwärtigen und nach denjenigen Merkmalen Ausschau zu halten, die für eine Struktur-Erkenntnis wichtig sind. »Unbefangen« heißt hier: nur solche Voraussetzungen gelten lassen, die für den Evangelisten selbst gegeben waren. Dazu gehört als erste *die Kenntnis der übrigen Evangelien;* viele seiner Schilderungen sind nur aufgrund der Berichte in den ersten drei Evangelien verständlich, sein Evangelium gibt eine Art weiterführender Erklärung. Zudem kann angenommen werden, daß Johannes mit der *jüdischen Geheimlehre* vertraut war; durch seine Beziehungen zu den Essenern dürfte ihm auch das in ihren Kreisen gehütete Geheimwissen zugänglich gewesen sein.[19] — Aus der Beschäftigung mit dem Text des Evangeliums ergab sich als eine weitere Voraussetzung *das Prinzip der Entsprechung.* Die einzelnen Strukturlinien sind so aufeinander bezogen, daß das erste Glied der einen dem letzten einer anderen Reihe entspricht. Dieses Prinzip ist bisher noch nicht bekannt gewesen. Es stellt in unseren Augen das wichtigste Strukturprinzip des Johannes-Evangeliums dar; wir werden es oft anwenden, um die inneren Bezüge dieses Werkes sichtbar werden zu lassen.

Die heute allgemein verbreitete Einteilung verwehrt den unvoreingenommenen Blick, da die Unterteilung in 21 Kapitel keineswegs ursprünglich ist, sondern erst dem 13. Jahrhundert entstammt. Sie hat wesentliche Sinnzusammenhänge getrennt und dadurch indirekt falsche Wertungen geschaffen. Für die vorliegende Untersuchung haben wir uns freizumachen von dem Vorurteil dieser Einteilung. Erst so wird es möglich, die Strukturlinien zu finden, die das Johannes-Evangelium durchziehen.

I. Die Gliederung des Johannes-Evangeliums

2. Thematische Entsprechungen

Verhältnismäßig spät tritt im Gange der literarischen Entwicklung die Gewohnheit auf, ein Werk mit einem Vorwort einzuleiten. Das Voranstellen eines Prologes ist das Kennzeichen für eine Kultur, deren Vertreter bereits ein gewisses Maß an Selbstbewußtsein errungen haben. Erst mußte die Persönlichkeit zu eigener Bedeutung gekommen sein, bevor die Schöpfungen der Kunst aus dem Schatten des unbewußten Entstehens und der Anonymität in das Licht der persönlichen Gestaltung treten konnten.

Es gibt wissenschaftliche Werke der hellenistischen Zeit, denen ein Vorwort in Gestalt einer Widmung vorangestellt ist. LUKAS scheint solche Schriften gekannt zu haben; jedenfalls entspricht der Prolog seines Evangeliums (1 1-4) den Gepflogenheiten anderer Schriftsteller und reiht das Werk in diese Art gehobener Literatur ein. Der Verfasser schildert in dem kurzen Vorwort die Absicht seiner Schrift und nennt den, dem er sein Werk widmet, »Theophilus«, womit zugleich ausgedrückt ist, diese Schrift sei für jeden bestimmt, der sich als einen Theophilus, einen »Gottesfreund« versteht. Die persönliche Widmung läßt die Möglichkeit ihrer überpersönlichen Deutung zu. JOHANNES nennt im Prolog seines Evangeliums weder den Verfasser noch eine Widmungsperson. An ihrer Stelle stehen andere Namen: der Name »Gott« im Sinne des Urgrundes der Schöpfung und der Ausdruck »Logos« für das weiterwirkende Schaffensprinzip. Dazu treten die Menschennamen Moses und Johannes; der erste Name als Ausdruck für ein das gesamte Leben regelndes Gesetz und zugleich als Repräsentant des Wissens von dem Schöpfungsvorgang, der im ersten Buch der Bibel beschrieben ist.[20] Der andere Name, Johannes, steht für das althebräische Prophetentum, das den gottgewollten Fortgang der Schöpfung ankündigte und durch seinen letzten Vertreter einleitete, als er mit der Taufe im Jordan dem Weltenwort den Weg in die Menschheitsgeschichte bahnte. So wie der Logos aus dem göttlichen Urgrund hervorgehend sich der Erdenmenschheit nähert, so wuchs gleichsam aus dem Fundament der hebräischen Volksgemeinschaft, wie sie durch Moses gestiftet war, Johannes dem vom Himmel herabsteigenden Logos entgegen. — Daraus wird deutlich: Der Johannes-Prolog ist nicht vergleichbar mit irgendeinem anderen literarischen Vorwort, denn hier geht es nicht um die Einführung eines Schriftwerkes, sondern um die Beschreibung des fortwirkenden Schöpfungswerkes. Hinter dem wichtigeren Werk, das Gott durch seinen Logos an der ganzen Menschheit tun will, müssen die individuellen Namen eines Verfassers oder eines Empfängers zurücktreten. Der Prolog schweigt über den Verfasser des Evangeliums; erst am Schluß des Evangeliums gibt er sich zu erkennen in den Worten: »Dieser (nämlich derjenige, der bleiben soll bis zum Wiederkommen Christi, wovon die letzten Sätze sprachen) ist der Jünger, der diese Dinge bezeugt« (21 24).

Man kann diesen Satz, selbst wenn man ihm den nicht in allen Handschriften bezeugten Schlußsatz v. 25 hinzurechnet, nicht gut als Epilog, wenigstens nicht als Entsprechung auffassen zu dem so anders geformten Prolog. Dennoch gibt es dazu eine unmittelbare Entsprechung; sie steht zu Beginn des Evangeliums wie eine Überschrift für das Weitere gleich nach dem Prolog: »Dies ist das Zeugnis des Johannes« (1 19).

Obgleich Johannes der Täufer gemeint ist, klingt doch etwas vom Geheimnis der Verfasserschaft hier an: Der Lieblingsjünger, den der Schlußsatz nennt, ist der Vollender des Werkes, das Johannes der Täufer begann. Die Gleichheit der Namen ist kein Zufall;

beide durften das Göttliche selbst erfahren, darum konnten beide den Namen »Johannes« tragen: »Der Gott, der im Ich erfahren wird, ist Gnade«.[21] Das Johannes-Evangelium geht sowohl auf den Täufer Johannes zurück als auch auf den, »den Jesus liebte«, dessen Erweckung in der Mitte des Evangeliums geschildert ist, der durch sein Todes-Erleben in enge Berührung mit dem zu dieser Zeit bereits entkörperten Johannes-Genius getreten war.[22] Die Entsprechung der genannten Sätze (1₁₉ und 21₂₄) zeigt zugleich, daß der Prolog als etwas ganz für sich Stehendes zu betrachten ist; die Schilderung der im evangelischen Sinn geschichtlichen Ereignisse setzt erst ein mit den Worten: »Dies ist das Zeugnis des Johannes.« Im Folgenden wenden wir das Prinzip der Entsprechung auf alle im Johannes-Evangelium geschilderten Ereignisse an. Paarweise gruppieren sie sich um das Zentralereignis, die Auferweckung des Lazarus. Ein Abschnitt der ersten Evangelienhälfte steht jeweils einem Abschnitt der zweiten Evangelienhälfte gegenüber, und zwar in umgekehrter Reihenfolge: Der Beginn der ersten Hälfte entspricht dem Schluß der zweiten Hälfte, und so fort. Wie die Säulen einer Tropfsteinhöhle von oben und von unten aufeinander zuwachsen, so wächst das Evangelium zugleich vom Anfang und vom Schluß zur Mitte zu, bis beide Richtungen sich treffen. Von vorn und von hinten zielt die kompositorische Anlage des gesamten Werkes auf das zentrale Ereignis: die Auferweckung des Lazarus. Die beiden besprochenen Sätze bilden eine Art Rahmen für die übrigen spiegelbildlichen Entsprechungen, welche uns Einblick gewähren in die großartige Komposition dieses Werkes.

*

a) Dem einleitenden Satz »Dies ist das Zeugnis des Johannes« folgt zunächst ein Bericht über die ersten Jünger-Begegnungen. *Fünf* werden erwähnt: Zwei von des Täufers Jüngern gehen auf dessen Hinweis zu Jesus über, unter ihnen Andreas. Als dritten bringt dieser seinen Bruder Simon zu Jesus. Philippus

und Nathanael heißen die übrigen beiden Jünger, die am Anfang erwähnt werden. — Im letzten Kapitel sind es *sieben* Jünger, denen der Auferstandene am Seeufer erscheint. Auf ein Wachstum wird damit hingewiesen. Unter den sieben kehren einige Namen vom Anfang wieder: so Petrus, so Nathanael. Die Zebedäussöhne nennt zwar nur das Schlußkapitel, doch ist nach der Meinung verschiedener Forscher wenigstens einer von ihnen zu jenen beiden Jüngern zu zählen, die von dem Täufer zu Jesus übergingen.[23] Von allen Jüngern am ausführlichsten wird NATHANAEL am Anfang geschildert; seine Entwicklung führt von der Ablehnung des Nazarenes Jesus zur Anerkennung des »Königs von Israel« und des »Sohnes Gottes«. Der Name weist auf einen schon errungenen Reifegrad hin; Nathanael bedeutet soviel wie »Gott hat gegeben«. Das heißt: Nathanael weiß, daß ihm das Wesentliche seiner Entwicklung durch besondere Fügungen zuteil geworden ist. Die erste Begegnung mit Jesus führt ihn unerwartet über das bisher Erreichte hinaus. Sein Name wird erst wieder in dem Schlußkapitel des Evangeliums erwähnt; dort kann seine letzte Begegnung, das Gewahrwerden des Auferstandenen, als eine Erfüllung jener Verheißung verstanden werden, die ihm Jesus am Anfang gab: »Ihr werdet den Himmel offen sehen und die Engel Gottes auf- und niedersteigen über dem Menschensohn« (1 51); denn die Speisung durch den Auferstandenen vermittelt Himmelskräfte, da wirkt der Gottessohn im Menschensohn.
Aber nicht nur die Erwähnung des Jüngers Nathanael verbindet das Anfangs- und das Schlußkapitel miteinander — in beiden Kapiteln waltet die gleiche Stimmung: Am Anfang ist es die Erwartung der großen Erden-Offenbarung Christi, am Ende die Erwartung der zweiten Offenbarung Christi in der Zukunft, als die seiner Wiederkunft. FRIEDRICH RITTELMEYER hat zuerst auf die Gleichheit der Stimmungen vom Anfang und vom Schluß des Johannes-Evangeliums aufmerksam gemacht, er nannte sie »Jünger-Frühling«:

»Ein besonderer Glanz liegt über den Erzählungen im ersten Kapitel des Johannes-Evangeliums. Wie eine Art höherer Frühling ist es, was wir miterleben ...
Noch einmal erleben wir dasselbe im Johannes-Evangelium in den letzten beiden Kapiteln. Der Frühlingsschein, der auf ihnen liegt, ist von noch stärkerem Glanz und wie gefüllt mit Seelenfreude ...«[24]
Der frühlingshafte Glanz des Anfangs liegt auch über dem Geschehen bei der Hochzeit zu Kana. Sie ist wesentlicher Bestandteil des Anfangs, vom Evangelisten deutlich gekennzeichnet durch die Bemerkung, Jesus habe mit ihr den *»Urbeginn* seiner Zeichentaten« vollbracht; zu Unrecht ist sie durch die alte Kapitel-Einteilung vom Anfangskapitel abgetrennt worden. Schon HENGSTENBERG hat auf die innere Zugehörigkeit der Hochzeit zu Kana zum ersten Abschnitt hingewiesen.[25] Der Hochzeit im galiläischen Kana entspricht im Schlußkapitel das Frühmahl am Ufer des Galiläischen Meeres. Das Gespräch mit Petrus im Schlußkapitel sowie die Erwähnung des Jüngers, den Jesus liebte, deuten auf ihre Weise die Entwicklung an, die von der Blutsgemeinschaft des alten Volkstums hinführt bis zu der Geistgemeinschaft, die aus einer anderen Art von Blut hervorgeht und in der Gemeinsamkeit des Heiligen Mahles ihren Ausdruck findet: »Mahl« und »Vermählung« in einem. Der Bemerkung »am 3. Tag« zu Beginn der Hochzeits-Schilderung (2 1) entspricht das »3. Mal« am Ende der Frühmahl-Schilderung: »Dies war bereits das 3. Mal, daß Jesus den Jüngern erschien als der von den Toten Erstandene« (21 14). Der Ausdruck »dritter« begegnet uns im ganzen Johannes-Evangelium nur an diesen beiden Stellen.

b) Das nächste Entsprechungs-Paar zeigt sich in der Tempel-Reinigung und dem Nikodemus-Gespräch einerseits (wiederum zu Unrecht durch die übliche Einteilung getrennt, aber schon durch ihre Zuordnung zum Passahfest eine zeitliche Einheit

bildend) und den im 20. Kapitel geschilderten Erscheinungen des Auferstandenen andererseits; die Grablegung (bei der Nikodemus wieder erwähnt wird) ist zu diesem Abschnitt mit hinzuzurechnen. Grablegung und Auferstehung bilden eine Sinn-Einheit — übrigens nicht nur in diesem, sondern in allen vier Evangelien.
Das Menschensohn-Geheimnis, an das die erste Entsprechung heranführte, wird auf der zweiten Stufe entwickelt im Hinblick auf die Auferstehungs-Leiblichkeit. Bei der Tempelreinigung wird dieses Thema angeschlagen: »Er aber sprach vom Tempel seines Leibes.« Im Nikodemus-Gespräch wird es fortgeführt, wobei der Ausdruck »geboren aus Wasser und Luft« das Seelenauge des Gesprächspartners öffnen will für eine Leiblichkeit, die nur aus diesen oberen Elementen besteht, ohne die irdisch-mineralische Beimischung des vergänglichen Erdenleibes. – Die Begegnung des Auferstandenen mit Maria von Magdala greift das Thema der neuen, von oben geborenen Leiblichkeit wieder auf. Wenn der Auferstandene zu ihr sagt: »Rühre mich nicht an«, so ist damit hingedeutet auf den eben erst vollzogenen Geburtsvorgang dieser neuen Leiblichkeit. Sie kann in diesem Augenblick noch nicht der Berührung durch die vergängliche Leiblichkeit des Erdenmenschen ausgesetzt werden. — Bei der Begegnung mit Thomas, acht Tage danach, ist der Geburtsvorgang abgeschlossen; er darf mit seinen Fingern die Wunde berühren, er wird sogar dazu aufgefordert. Des Thomas Unglaube hat seine Entsprechung bei der Tempelreinigung im Unverständnis der Juden, die nicht erkennen, daß Jesus den Tempel seines Leibes meint. Heißt es in 2 22: »Als er dann auferstanden war von den Toten, erinnerten sich seine Jünger daran, daß er das gesagt hatte, und glaubten ...«, so wird damit vorwegnehmend erwähnt, was sich für Thomas erst so spät verwirklichte: das glaubende Erkennen der Auferstehungsleiblichkeit im Erblicken und Berühren dieses Leibes.

Charakteristisch für die inhaltliche Entsprechung und Ergänzung dieser Abschnitte ist das Wort σῶμα = Leib. Dieser Ausdruck erscheint in der Singularform im ganzen Evangelium einzig und allein in diesen beiden Abschnitten und immer als Bezeichnung für den Leib Jesu: das erste Mal in dem bereits genannten Wort bei der Tempelreinigung (»er aber sprach vom Tempel seines Leibes«), dann dreimal im Zusammenhang mit der Grablegung (19_{38-40}) und letztmalig im Auferstehungskapitel (»und sieht zwei Engel ... wo der Leib Jesu gelegen hatte« 20_{12}). Ein weiteres Vorkommen dieses Ausdruckes in der Mehrzahl in 19_{31}, unmittelbar vor dem Vollzug der Grablegung, stellt im Hinblick auf die exakte Spiegelung der Abschnitte eine Ausnahme dar; denn genaugenommen sind die Verse 19_{31-37} noch zum vorhergehenden Abschnitt zu rechnen. Doch ist in diesem Falle nicht der Leib Jesu allein gemeint, sondern allgemein auf die Sitte der Kreuzabnahme vor Sabbat-Beginn hingewiesen: »auf daß die Leiber nicht am Kreuze blieben während des Sabbats, zumal jener ein großer Sabbattag war« (19_{31}). Stilistisch kann hier die einzelne Erwähnung des Wortes »Leiber« als ein versteckter Hinweis auf die im Folgenden zu erwartende Thematik gelten — eine Eigenart der johanneischen Darstellungsweise, die auch an anderen Stellen zu beobachten ist. Die Beschränkung des Wortes »Leib« auf die genannten Abschnitte ist ein Merkmal der knappen Ausdrucksweise, deren sich der Verfasser des vierten Evangeliums bedient. Wir können daraus ablesen, daß er das Wesentliche, was er uns über das Geheimnis der Leiblichkeit mitzuteilen hat, in den scheinbar so weit voneinander entfernten Doppelszenen von Tempelreinigung und Nikodemus-Gespräch einerseits sowie Grablegung und Auferstehung andererseits gegeben hat. Mit dem Geheimnis der Auferstehungsleiblichkeit eng verbunden ist das Geheimnis der Erhöhung Christi: Die neue Leiblichkeit ist zugleich der erhöhte Seinsbereich des Menschensohnes. So darf es nicht verwundern, daß zu der bereits geschilderten Entsprechung dieser Abschnitte eine weitere tritt, die sich auf die Tatsache der Erhöhung Christi bezieht. Zuerst ist von der Erhöhung Christi im Nikodemus-Gespräch die Rede:

»Keiner ist aufgestiegen zum Himmel außer dem, der aus dem Himmel herabgestiegen ist: der Menschensohn« (3 13).

Diesem Satz entspricht in den Auferstehungsschilderungen das zu Maria von Magdala gesprochene Wort:

»Rühre mich nicht an; denn noch bin ich nicht aufgestiegen zu dem Vater« (20 17).[26]

c) Eine nächste Entsprechung, die dritte, besteht zwischen dem Gespräch mit der Samariterin (Kap. 4) und den Ereignissen von Verhör und Verurteilung (Kap. 18 und 19). Stärker als bei den anderen Entsprechungen treten hier Gegensätze auf. Führt das Gespräch mit der Samariterin auf die Höhe der Messias-Erkenntnis: »Ich bin es, der ich hier mit dir rede«, so offenbart das Verhör die Tiefe des Mißverstehens: »Nach dem Gesetz muß er sterben; denn er hat sich selbst zu Gottes Sohn gemacht« (19 7); die Juden fordern sogar die Änderung der Kreuz-Inschrift: »Schreibe nicht: König der Juden, sondern daß jener sagte: Ich bin der König der Juden« (19 21). Das heißt: sie kennen wohl die Aussage Jesu über seine Sendung, aber sie erkennen ihn nicht als den Gesandten an. Die Samariterin gelangte zur Erkenntnis und zur Anerkennung — die Juden aber gelangen nur zur Ablehnung. Die höchste Anerkennung, die im Gespräch mit der Samariterin erreicht wird, steht in scharfem Gegensatz zu dem Abgrund des Hasses, den das Mißverständnis der Juden auftut. Während echtes Gespräch Einsicht und Erkenntnis im Partner zu wecken und zu steigern vermag, kann das von Vorurteilen ausgehende Verhör nur zu endgültigem Aneinander-vorbei-Reden führen. Das Verhör erweist sich als Karikatur des Gesprächs.

Wollte man von der Idee dieser Darstellung ausgehen, so würden sich beispielsweise die Bitte: »Gib mir zu trinken« (4 7) und das Wort am Kreuz: »Mich dürstet« (19 28) entsprechen.[27] Auch das Wort, das Christus bei der Gefangennahme zu Petrus spricht: »Der Kelch, den mir der Vater gegeben hat — soll ich ihn nicht trinken?« (18 11), scheint ein Wort aus dem Gespräch mit der Samariterin aufzugreifen und weiterzuführen: »Meine Speise ist, daß ich den Willen dessen tue, der mich gesandt hat« (4 34). Letzteres heißt wohl soviel wie: Für Christus bestehen andere Ernährungs-Gesetze als für die übrigen Menschen; er fühlt in seinem Handeln und Sprechen eine innere Sättigung bis in die Leiblichkeit hinein. Wenn wir über eine vollbrachte Arbeit innere Befriedigung empfinden, so ist dieses Gefühl eine schwache Ahnung dessen, was Christus im Vollbringen des väterlichen Willens als Stillung des Durstes und Sättigung empfand. Er dürstete danach, die Menschen zu finden, die ihn verstünden, und hungerte danach, das Schöpfungswerk des Vaters in seinen Taten fortzusetzen — aber nicht um persönlicher Befriedigung willen, sondern um sein Wirken einzugliedern in den notwendigen objektiven Fortgang der Welt. Die Zeitangabe »um die sechste Stunde« findet sich im ganzen Evangelium nur bei diesen beiden Anlässen (4 6 und 19 14); Gespräch und Verhör sind Ereignisse des *Mittags,* jener Entscheidungsstunde auf der Höhe des Tages, in der die Sonne den Zenit erreicht und sich wieder dem Abstieg zuwendet. Die Sonnenwende des Tages bringt oft überraschende Wendungen im Schicksalsgang; so ist die Christusbegegnung des Saulus vor Damaskus ein Mittags-Ereignis. In den Katharina-Emmerich-Tagebüchern des Clemens von Brentano findet sich die eigenartige Bemerkung, Jesus habe zu den Aposteln gesagt, nach seinem Hingang sollten sie ihn »im Mittag« suchen; sie würden ihn auch in sich finden, wenn kein Schatten sei.[28] Dieser Hinweis auf die schattenlose Zeit der Mittagsstunde korrespondiert mit der Aussage des Pilatus: »Ich finde keine Schuld an ihm« (Joh. 18 38 und 19 4).

d) Das nächste Vergleichspaar wird durch die scheinbar so fremden Teile »Heilung des Gelähmten« (Kap. 5) und »Hohepriesterliches Gebet« (Kap. 17) gebildet. Die Heilung macht deutlich, daß es sich um ein Aufrichten der Leibesgestalt handelt — jenes, das Gebet, richtet eine neue Beziehung zum Vatergott auf, es erschließt eine neue Unmittelbarkeit zur Vaterwelt. Unüberhörbar ist die Beziehung folgender Einzelsätze zueinander: Der Einsetzung des Sohnes durch den Vater zum Herrn über das Schicksal der Menschen: »Er hat alle Schicksals-Entscheidung dem Sohn übergeben« (5 22) entspricht im Hohepriesterlichen Gebet die Fürbitte »für die Menschen, die du mir gegeben hast, weil sie durch dich sind« (17 9). Weiterhin offenbart die Auseinandersetzung über die Sabbatfrage im Anschluß an die Heilung des Gelähmten tiefe Geheimnisse über Jesu Verhältnis zum Vater, über das Fortführen des Schöpfungswerkes durch den Sohn. Darum gerade müssen Heilungen am Sabbat erfolgen als dem Abbild des 7. Schöpfungstages, an dem Gott von seinem Werk ausruhte, um das Fortwirken des Sohnes erkenntlich zu machen: »Mein Vater wirkt bis jetzt, und fortan wirke ich« (5 17), d. h. Christus setzt sein Werk fort. Fast könnte der Eindruck entstehen, als maße sich Christus dieses Fortsetzen-Wollen des väterlichen Werkes an. Und die Juden scheinen auch nur Vermessenheit und Gotteslästerung in seinen Worten gefunden zu haben. Das Gegengewicht des Hohepriesterlichen Gebetes mit seinem unmittelbaren Einklang-Ertasten zwischen dem Willen des Sohnes und dem väterlichen Willen zeigt jedoch, wie jene Fortsetzungsbereitschaft verstanden sein will: als Ausführung dessen, was ohnehin im Willen des Vaters liegt, als Vollendung der Taten des Vaters: »Ich habe dich zur Offenbarung gebracht in der Erdenwelt, das Werk vollendend, das du mir gegeben hast, daß ich es ausführe« (17 4).

Ferner stehen sich eine negative und eine positive Aussage über die Liebe Gottes in beiden Abschnitten gegenüber. Heißt es in 5 42 über die Juden:

»Ich kenne euch, ihr habt die Liebe zu Gott nicht in euch«, so kann im Hohepriesterlichen Gebet über die Jünger gesagt werden:

> »Diese haben erkannt, daß du mich gesandt hast; und ich habe ihnen zu erkennen gegeben und werde es weiterhin geben, auf daß die Liebe, mit der du mich liebtest, in ihnen sei« (17₂₆).

e) Eine weitere Entsprechung ist zu sehen zwischen der Speisung der Fünftausend (mit der nachfolgenden Rede) und der Gleichnisrede vom wahren Weinstock in den Abschiedsreden. Es stehen sich in diesen beiden Teilen gegenüber das erste und das letzte der sieben Ich-Bin-Worte, nämlich die Worte »Ich bin das Brot des Lebens« und »Ich bin der wahre Weinstock«. Brot und Wein umfassen die Siebenheit dieser großen Wort-Offenbarung Christi, Brot und Wein sind zugleich äußerer Ausdruck seines fortdauernden Hinschenkens an die Menschheit im Sakrament. Selbst wenn diese beiden Ich-Bin-Worte vom Brot und vom Weinstock nicht in den beiden Abschnitten stünden, würden diese beiden Kapitel durch ihren übrigen Wortlaut immer noch am stärksten an das Geheimnis von Brot und Wein heranführen. Beide Kapitel sind oft als die besten Hilfen empfunden worden zur Vorbereitung auf den Empfang der Kommunion.

Was Rudolf Frieling über das 15. Kapitel bemerkt: »Das 15. Kapitel lebt ganz in der Stimmung des Abendmahles, es ist erfüllt vom Geheimnis der Eucharistie«[29], das gilt ohne Abschwächung auch für das 6. Kapitel, das ganz durchdrungen ist von Ehrfurcht gegenüber der Gottesnähe im Sakrament. In den beiden Hälften des Evangeliums nehmen diese Kapitel die beherrschende Mittelstellung ein; was für das ganze Evangelium die Auferweckung des Lazarus bedeutet, das bedeutet das Speisungskapitel für die erste und das Weinstock-Kapitel für die zweite Hälfte. Der erste Teil des Evangeliums handelt vom »Brot«, von der Erscheinung des Gottessohnes in der Leiblichkeit; der zweite schildert das Offenbarwerden des »Weines«, der die Menschheit neu durchglühenden Bluteskraft einer geistgetragenen Liebe. Das Weinstock-Kapitel stellt unter den auf die Fußwaschung folgenden Abschieds-Reden einen Höhepunkt dar. Es schildert die innige Verschmelzung des Christuswesens mit seinem göttlichen Auftrag. Seine Sendung erschöpft sich nicht in einer Lehre, sondern kommt erst in der Hingabe seines ganzen Wesens zur Erfüllung. Dies findet in den Worten des Weinstock-Kapitels seinen dichtesten Ausdruck:

»Gerade das 15. Kapitel ist wie kaum ein anderes voll von Mysterien des Ich. Eingeleitet wird es durch das siebte und letzte der johanneischen Ich-Bin-Worte: Ich bin der wahre Weinstock. Nun folgen all die Worte von ›Ich‹ und ›Mein‹, in denen der Wein Christi glüht, in denen das Kelchgeheimnis seines Blutes leuchtet. ›Jede Rebe an Mir (15 2) — bleibt in Mir und Ich in euch (3) —ihr bleibet denn in Mir (4) — Ich bin der Weinstock (5) — ohne Mich könnt ihr nichts tun (5) — wenn jemand nicht in Mir bleibet (6) — wenn ihr in Mir bleibet (7) — und werdet Meine Jünger (8) — so habe Ich euch geliebt (9) — und bleibet in Meiner Liebe (9) — gleichwie Ich meines Vaters Gebote bewahrt habe (10) — damit Meine Freude in euch sei (11)‹.«[30]

Wenn es dann betont heißt: »Dies ist Mein Gebot, daß ihr euch untereinander liebet, gleichwie ich euch geliebet habe« (15 12), so ist damit das Neue der Sendung Christi beschrieben; seine Liebe geht auf die Jünger untereinander über — als Zielsetzung für die Zukunft (wie R. Frieling im eben genannten Zusammenhang hervorhebt). Es bleibt die Frage offen, ob sich diese Liebe der Jünger untereinander bald oder erst später zeigen wird; ihre Kraft wird in gewisser Hinsicht abhängig sein von der Intensität der Liebe zu Christus.

Betont das 15. Kapitel auffallend stark die Liebe, so kennt es zugleich auch ihren Gegenpol: Zwölfmal kommt das Wort »hassen« vor, davon allein siebenmal im Weinstock-Kapitel.

Die Liebe der Jünger wird den Haß der Welt erwecken, denn die Liebefähigkeit der Jünger beruht darauf, daß sie aus der Welt herausgelöst sind (15 18 ff.). Eine Entsprechung zu dem Gegensatz Liebe — Haß findet sich im Speisungskapitel in Form der Gegenpole Glauben — Nichtglauben, wenngleich dieser Gegensatz nicht so stark hervortritt wie der erstgenannte. Doch kann ein Keim des Hasses im Nichtglauben gesehen werden, so wie im Glauben ein Keim für die Liebe. Auf die Frage der Zuhörer in Kapernaum: »Was können wir tun, um die Taten Gottes zu tun?«, antwortet Jesus: » . . . daß ihr an den glaubt, den jener gesandt hat« (6 28 f.). Das sich hieraus entwickelnde Gespräch führt zu dem Bekenntnis Christi: »Ich bin das Brot, das vom Himmel herniedersteigt« (6 51), und zeigt immer wieder den Glauben als Überwindung der Todverfallenheit des Menschen: »Amen, Amen sage ich euch: wer glaubt, der hat ewiges Leben« (6 47), bis schließlich gegen Ende des Kapitels die Unfähigkeit der Zuhörer zutage tritt, die diese Worte nicht begreifen: »Spröde ist diese Rede – wer kann sie hören?« (6 60). Christus selbst führt ihr Unvermögen zu verstehen auf den Unglauben zurück: »Es sind einige unter euch, die nicht glauben können. – Denn Jesus wußte von Anfang an, daß einige seien, die nicht glauben, und wußte, wer es sei, der ihn verriete« (6 64). An dieser Schwierigkeit, das Geistige in irdischer Gestalt zu erkennen, scheitern auch einige Jünger: »und wandelten nicht mehr mit ihm« (6 66). Es ist am Ende dieses Abschnittes von Judas Iskariot die Rede; sein Verrat erscheint hier als Folge seines Unglaubens. Seine Erwähnung bildet den dunklen Hintergrund zu dem vorher erklungenen Ruhm der todüberwindenden Glaubenskraft, die überzeugend aus des Petrus Worten spricht: »Wir haben geglaubt und erkannt, daß Du bist Christus, der Sohn des lebendigen Gottes.« Charakteristisch ist, daß hier am Ende des Speisungs-Kapitels zum ersten Male der Ausdruck »die Zwölf« erscheint – zugleich mit dem Hinweis auf den Verräter, der sich in dieser Schar der

Erwählten befindet. Das 15. Kapitel wird erst das Herangereiftsein des Jüngerkreises schildern in dem Gleichnisbild vom Weinstock und den Ranken, die ihr Leben von dem Weinstock haben, und es kommt dieses Herangereiftsein des Jüngerkreises zum Ausdruck in den Worten: »Dieses ist mein Auftrag, daß ihr einander so liebt, wie ich euch geliebt habe« – zu diesem Zeitpunkt ist der Verräter schon nicht mehr unter den Zwölf, sein Weggang hat den Anbruch der großen Offenbarungsstunde der Liebe eingeleitet.

Der Ausdruck »erwählen« begegnet uns bezeichnenderweise einmal im Speisungs- und dreimal im Weinstock-Kapitel. Außer diesen Stellen findet er sich nur ein einziges Mal im Fußwaschungs-Kapitel; jedesmal wird er im Hinblick auf die Zwölf und ihre Bestimmung, die ersten Träger der Christusliebe zu werden, angewandt.

*

Ein einzelnes Wort muß hier noch besprochen werden: das Wort »herabsteigen« (καταβαίνειν). Dieses Verbum ist nur in den ersten Kapiteln enthalten, am häufigsten im Speisungs-Kapitel selbst, das acht seiner insgesamt siebzehn Vorkommen aufweist. Nach dem Speisungs-Kapitel wird es nie wieder gebraucht. Da dieses Wort in keinem der vorangehenden Abschnitte fehlt, verschwindet es sehr plötzlich, als sollte damit zum Ausdruck kommen, daß mit der Speisung der Fünftausend der Abstieg in die Erdenleiblichkeit vollendet ist.[31] Entsprechend müßte es einen Ausdruck geben, der erst im Weinstock-Kapitel auftaucht und bis zum Schluß des Evangeliums öfters wiederkehrt. Ein solches Wort ließ sich nicht finden. Doch stehen hier zwei für das Weinstock-Kapitel charakteristische Ausdrücke: »in der Liebe bleiben« (dreimal) und »Frucht bringen« (sechsmal; ein siebentes Mal ist es im 12. Kapitel enthalten). In 15 16 verschmelzen die beiden Ausdrücke zu der Wendung »daß eure *Frucht bleibe*«. Beide Worte können als Metamorphosen des »Herabsteigens« verstanden werden: In Christus ist die göttliche Liebe vom Himmel herabgestiegen und will fortan bei den Menschen bleiben. Ihr Dasein bezeugt, daß die Jünger beginnen »Frucht zu bringen«, das heißt ihr Leben sinnvoll anzuwenden in der Erfüllung des Auftrags, den der Meister ihnen gab. — Der Ausdruck »zur Offenbarung bringen« (δοξάζειν) stellt eine Ergänzung zu »herabsteigen« dar, indem er genau dort aufzutauchen beginnt, wo das Wort »herabsteigen« verschwindet. Er setzt erst *nach* dem Speisungs-Kapitel ein (erstmalig in 7 39: »Geist war noch nicht, denn Jesus war noch nicht geoffenbart«) und kehrt nahezu lückenlos bis zum letzten Abschnitt wieder, insgesamt zweiundzwanzigmal. Das »Offenbarwerden« ist auch eine Metamorphose des Herabsteigens: In der Stunde von Golgatha offenbart sich die Vollmacht dessen, der herabgestiegen ist. Sein Offenbarwerden ist die Vollendung, die Erfüllung seines Erdenabstiegs.

*

Ein kurzer Satz gehört in das Gegenüber von Speisungs- und Weinstock-Kapitel, der seit langer Zeit den Auslegern große Schwierigkeiten bereitet: »Erhebet euch und laßt uns diesen Ort verlassen« (14 31).

Im Redefluß der Abschiedsreden steht dieser Satz unvermittelt da wie ein erratischer Block. Für EDUARD SCHWEIZER zählt er an erster Stelle unter den »Widersprüchen, die kaum zu lösen sind«[32], weil auf diesen Ausspruch drei lange Kapitel von Rede und Gebet folgen, bevor es zum Verlassen des Hauses kommt. — Der Widerspruch ist in der Tat unlösbar, wenn man die Aufforderung im räumlichen Sinne versteht. Nimmt man sie hingegen als Ausdruck für ein Verändern des seelischen Zustandes, für eine innere Erhebung, so gewinnen die Worte eine neue Bedeutung: Sie bereiten die Ebene vor, auf der allein die folgenden Reden verständlich sind. An dieser Stelle gehen die »Abschiedsreden« aus der Form der Wechselrede mit vier Jüngern über in die Form des Monologs; nur am Ende von Kapitel 16 wird der Monolog von zwei Fragen der Jünger — aber nicht einzelner Jünger wie vordem, sondern der Gemeinschaft — unterbrochen, um dann in die Gebetsform des Hohepriesterlichen Gebetes einzumünden. Daraus ergibt sich eine Dreiteilung des ganzen Komplexes der »Abschiedsreden«: 1. Wechselrede mit einzelnen Jüngern; 2. Monolog; 3. Hohepriesterliches Gebet.

Es mag befremdlich erscheinen, den Satz: »Erhebet euch, laßt uns von hier weggehen«, von dem vorangehenden Gespräch zu trennen; doch die alte Einteilung des Codex Vaticanus läßt ebenfalls mit diesem Satz einen neuen Abschnitt beginnen.[33] Ohne daraus eine weitere Verbindlichkeit herleiten zu wollen, kann aus dem Beispiel abgelesen werden, daß für das Bewußtsein jener Zeit der Text diese Möglichkeit hergab. Es stellt also der kurze Satz eine Überleitung dar zu dem Folgenden, das nicht mehr auf der bisherigen Bewußtseins-Ebene verständlich ist. — Eine Entsprechung zu der Aufforderung »Erhebet euch . . .« unmittelbar vor dem Wort vom »wahren Weinstock« findet sich im Speisungs-Kapitel. Hier wird zweimal erwähnt, daß Christus einen Berg bestiegen hat. Zu Beginn des Kapitels heißt es: »Jesus stieg hinauf auf den Berg« (6 3), und nach der Speisung wiederum: »Als Jesus erkannte, daß sie kommen wollten, um ihn zum König zu machen, ging er abermals hinauf auf den Berg — er allein« (6 15). Das Weinstock-Kapitel beginnt ähnlich mit einer Erhebung, doch hier ist sie nicht im räumlichen Sinne gemeint. Auch vollzieht Jesus sie nicht mehr »für sich allein«, sondern in Gemeinschaft mit den Jüngern. Es ist daher kaum zuviel in dieses Wort gelegt, wenn es übersetzt wird: »Erwacht zu einem erhöhten Bewußtsein, wir wollen diesen Erdenplan verlassen.«[34]

f) Im weiteren Hineinlesen in das Johannes-Evangelium verändert sich die Art der Spiegelungen, entsprechend dem Fortgang des Evangeliums, der nun eine neue Ebene erreicht. Die Schilderung des Laubhüttenfestes in Kapitel 7 ist deutlich in drei Zeitabschnitte gegliedert: Anfang, Mitte und Ende des Festes werden erwähnt. Jesus begibt sich nicht gleich zu Festbeginn nach Jerusalem, obgleich ihn seine Brüder dazu auffordern. Er spricht zu ihnen von seiner eigenen Sendung, die den Haß der Welt erweckt, weil er, Jesus, den wahren Hintergrund ihrer Taten aufzeigt: »Euch kann die Welt nicht hassen, mich aber haßt sie, weil ich ihr nachweise, daß ihre Taten ungut sind« (7 7). Zweimal wird in diesem ersten Abschnitt gesprochen von »seinem Augenblick«, der noch nicht gekommen sei (7 6 und 7 8). Damit ist hingewiesen auf einen besonderen Auftrag, den er noch zurückhalten, noch nicht zur Ausführung kommen lassen darf; das Geheimnis seiner Sendung darf noch nicht offenbart werden.

Am mittleren Tag des Festes redet Jesus im Tempel und bringt eine Lehre über »den, der ihn gesandt hat« (7 28 f.). Der Ausdruck »Vater«, sonst sehr oft verwendet, wird in diesem Kapitel streng gemieden; auch der Ausdruck »Gott« begegnet uns nur einmal (7 17). Dennoch spricht deutlich der Mittelteil dieses Abschnittes von dem Vatergott, indem Jesus mehrmals den nennt, »der ihn gesandt hat« (7 28, 29, 33). Am letzten Tag des Festes redet Jesus zum ersten Male öffentlich vom Wasser des Lebens, das von dem ausgehen wird, der an ihn glaubt; vom Evangelisten wird dieser Ausdruck sogleich auf den Heiligen Geist bezogen, der in der Zukunft wirken werde: »Das sagte er von dem Heiligen Geist, welchen die an ihn Glaubenden empfangen sollten« (7 39). Die Wendung »Heiliger Geist« findet sich außer an dieser Stelle im Johannes-Evangelium nur noch dreimal — davon einmal in dem Abschnitt der Abschiedsreden, der dem hier beschriebenen Laubhütten-Kapitel gegenübersteht.

Die drei Etappen des Laubhüttenfestes enthalten eine trinitarische Ordnung, indem sie nacheinander vom Sohn, vom Vater und vom Heiligen Geist handeln — aber von allen drei in der Verborgenheit, dem Noch-nicht-Offenbaren. — Der Schilderung des Laubhüttenfestes ist als Nachspiel angehängt die Auseinandersetzung der Pharisäer mit den Häschern wegen deren Unvermögen, Jesus ihnen vorzuführen.

Ebenfalls in dreifacher Weise gegliedert zeigt sich der erste Teil der Abschiedsreden; entsprechend zu dem Gespräch mit den Pharisäern *nach* dem Laubhüttenfest geht hier ein Gespräch mit Petrus *voran* (13 31-38), bevor die Wechselrede mit den Jüngern Thomas, Philippus und Judas einsetzt (14 1-31). Anstelle der zeitlichen Gliederung, welche durch Beginn, Mitte und Ende des Laubhüttenfestes im 7. Kapitel gegeben war, kommt hier eine Dreigliederung durch die Fragen der drei Jünger zustande. Das Gespräch mit Petrus bildet die Einleitung zu der Wechselrede und sollte nicht als Anhängsel an die Fußwaschung gewertet werden, wie dies durch die herkömmliche Kapitel-Einteilung nahegelegt wurde.[35]

Eingeleitet wird der Gesprächskomplex mit dem Hinausgehen des Judas: »Als er nun hinausging, sagt Jesus: Nun ist der Menschensohn geoffenbart« (13 31).

Wir können in diesem Satz eine Fortführung dessen sehen, worauf im Laubhütten-Kapitel mit den Worten »Jesus war noch nicht geoffenbart« (7 39) hingedeutet wurde.

Heißt es zu Beginn des Jüngergespräches in 13 33: »Kinder, noch eine kurze Zeit bin ich bei euch. Ihr werdet mich suchen; und wie ich zu den Juden sagte: wohin ich gehe, dahin könnt ihr nicht gelangen, das sage ich jetzt auch zu euch«, so wird damit wörtlich an die Aussage des 7. Kapitels angeknüpft: »Ihr werdet mich suchen und nicht finden, und wo ich bin, dahin könnt ihr nicht kommen« (7 34).

Die Antworten auf die drei Fragen der Jünger nach dem Weg (zuerst von Petrus, gleich darauf von Thomas gestellt), nach der

Erscheinung des Vaters (Philippus) und nach der Ursache für die ausschließlich den Jüngern vorbehaltene Christus-Einwohnung (Judas) sind wie in einem Kern zusammengefaßt in dem dreifachen Ich-Bin-Wort: »Ich bin der Weg, die Wahrheit und das Leben«, das den Schwerpunkt dieses Abschnittes darstellt und zugleich den drei Teilen des Jüngergespräches ihre Themen gibt. Deutlicher noch als im 7. Kapitel tritt hier die Beziehung zu den drei Personen der göttlichen Dreifaltigkeit in Erscheinung: Die Frage des Petrus nach dem *Weg* hat zur Antwort den Hinweis auf den *Sohn*, durch den allein der Zugang zur Vaterwelt möglich ist (13 36-14 6).

Die Bitte des Philippus: »Herr, zeige uns den *Vater*«, löst die Antwort aus, wo innerhalb der Erdenwelt der Vater für die Jünger zu finden ist: »Wer mich gesehen hat, der hat den Vater gesehen.« Zwölfmal wird in dem kurzen Passus der Name »Vater« gebraucht (14 7-14). Das Thema *Wahrheit* tritt mehr durch den Inhalt der Antwort Jesu in Erscheinung; ein wörtlicher Anklang findet sich lediglich in der Bekräftigungs-Formel »Fürwahr, fürwahr, ich sage euch ...« (14 12).

Die Frage des Judas schließlich fällt in den dritten Teil, der den *Heiligen Geist* als jenes *Lebens*element beschreibt, das fortan im Walten der Liebe zu finden ist (14 15-31). Betont steht das Thema »Leben« schon vor der Frage des Judas: »Ihr aber werdet mich schauen, denn ich *lebe*, und auch ihr werdet *leben*« (14 19). So offenbart die Wechselrede mit den drei Jüngern das Erwachen für das Lebensgeheimnis der göttlichen Trinität, das in der öffentlichen Rede am Laubhüttenfest noch verhüllt bleiben mußte.

g) Im Fortgang des Evangeliums folgt auf die Schilderung des Laubhüttenfestes in Kapitel 7, noch im zeitlichen Anschluß an das Fest, die Geschichte von der Ehebrecherin, welche mit den Worten schließt: »Ich verurteile dich auch nicht. Geh, vergehe dich von jetzt an nicht mehr« (8 11). Das Wort »verurteilen« (κατακρίνειν) findet sich in dieser Schärfe nur an dieser Stelle;

sinngemäße Anklänge gibt es gelegentlich, so im Nikodemus-Gespräch: »Gott hat den Sohn gesandt nicht, um die Welt zu richten, sondern damit die Welt durch ihn gerettet werde« (3 17). Unmittelbarer entspricht dem verzeihenden Wort an die Ehebrecherin der Satz, der im Abschnitt vor der Fußwaschung steht, da er auch in der Ich-Form gehalten ist: »Ich bin nicht gekommen, um die Welt zu richten, sondern um sie zu retten« (12 47).

Von der Theologie wurde bisher in 13 1 der Beginn einer neuen Sinneinheit gesehen. Unsere Beobachtungen führen dahin, ihn etwas früher anzusetzen. Zwar hebt das 13. Kapitel mit einem spürbaren Atemholen an, bei genauerem Hinhören ist jedoch zu bemerken, daß sich dieses Neu-Einsetzen auf den *Zeitpunkt* und auf die *Tat* der Fußwaschung bezieht: »Vor dem Passahfest aber, als Jesus wußte, daß seine Stunde gekommen sei . . ., bewies er den Seinen die Liebe . . .«

Die *innere* Begründung für diese Handlung wird vom Evangelisten vorher in dem Zwischenstück nach dem Gespräch mit den Griechen gegeben. Vor allem durch die beiden Jesaja-Zitate kommt das Unverständnis zum Ausdruck, dem Christus bei seinem Volke ausgesetzt ist, während jene vorher erwähnten Griechen die Weltbedeutung seiner Sendung besser erfassen. In dem ersten der beiden Zitate fällt der Ausdruck »offenbaren« auf, zumal er im ganzen Johannes-Evangelium nur an dieser Stelle verwendet wird: »Der Arm des Herrn — wem ist er offenbart?« (12 38). Offen bleibt, ob diese Willens-Offenbarung sich rückbezieht auf die Griechen oder vorausbezieht auf die an der Fußwaschung beteiligten Jünger. Die Vertreter des Judentums sind hier zweifellos von ihr ausgeschlossen. Aus dem Judentum kommt ihm Zurückweisung entgegen; das im Zusammenhang mit der Fußwaschung geschilderte Hinausgehen des Judas bringt dieses Ausgeschlossensein der Juden von den tieferen Mysterien des Christuswesens bildhaft zum Ausdruck. Während Judas den Entschluß zum Verrat faßt, hat sich in Christus eine

Wendung vollzogen zu dem Entschluß, dem Jüngerkreis sein Wesen mitzuteilen, es in ihrer Gemeinschaft zu verankern durch eine symbolische Tathandlung. Diesen inneren Umschwung deutet der Abschnitt 12 36-50 an; es ist dies der innere Grund, der für seine Zugehörigkeit zur Fußwaschung spricht.

Beide Abschnitte bilden eine Sinn-Einheit, die in Beziehung steht zu der Szene mit der Ehebrecherin und der sich anschließenden Rede im 8. Kapitel.

Die enge Verflochtenheit der Licht-Ich-Rede mit der Geschichte von der Ehebrecherin wird gleich zu Beginn deutlich an der Wendung: »Ich verurteile niemand« (8 15); damit wird die verzeihende Haltung, die kurz zuvor (8 11) der Ehebrecherin galt, ausgedehnt auf die Menschheit überhaupt. Die Anfangsworte der Rede: »Ich bin das Licht der Welt; wer mir folgt, wird nicht in der Finsternis wandeln, sondern das Licht des Lebens haben« (8 12), entsprechen der Aussage in dem der Fußwaschung vorangehenden Abschnitt: »Ich bin als Licht in die Welt gekommen, auf daß jeder, der an mich glaubt, nicht in der Finsternis bleibe« (12 46). Im griechischen Wortlaut folgen hier »Ich« und »Licht« unmittelbar aufeinander: »Ich Licht bin in die Welt gekommen«, wodurch die Ineins-Setzung von Licht und Ich sogar noch stärker hervortritt als in dem Satz: »Ich bin das Licht der Welt.« Weiterhin spiegelt sich die Sinn-Entsprechung der genannten Abschnitte in dem gehäuften Vorkommen des Ausdruckes »Ich Bin« in seiner absoluten Form, ohne Attribut. Die Licht-Ich-Rede bringt dieses absolute »Ich Bin« gleich dreimal: in 8 24, 8 28 und 8 58; bei der Fußwaschung steht es nur einmal, doch an hervorgehobener Stelle: »Von jetzt an sage Ich euch, bevor es geschieht, auf daß ihr es glaubet, wenn es geschehen ist: daß Ich bin« (13 19). Die Licht-Ich-Rede sagt über dieses Ich, daß es älter als Abraham ist. Dadurch ist angedeutet — für orthodoxe jüdische Ohren eine unverzeihliche Lästerung —: Älter als der Stammvater des Volkes ist das Ich Christi. Wie Abraham sein Blut strömen läßt durch die

Nachkommen, so schenkt Christus seine vergeistigte Lebenssubstanz hin; er ist der neue Ahnherr, nicht nur für ein Volk, sondern für die Menschheit. Seine Wesenshingabe kommt in keiner Handlung so unmittelbar zum Ausdruck wie in der Fußwaschung. Sie ist der gleichnishafte Vollzug des in der Licht-Ich-Rede Ausgesprochenen; dieselbe Ich-Kraft soll nun in den Jüngern und von den Jüngern aus in die übrige Menschheit wirken.

h) Die Heilung des Blindgeborenen wird erst verständlich, wenn sie nicht bloß als Wiederherstellung eines kranken Organs jenes einzelnen, dem die Heilung historisch zuteil wurde, sondern als eine »Zeichentat« verstanden wird: So wie Jesus jenem einzelnen das physische Auge öffnet, so öffnet er der Menschheit den Sinn für die Wirklichkeit des Geistes; neu sehen lernen werden die Menschen durch ihn, aufmerksam werden sie auf die Spuren des Geistes im Irdischen durch das Erwachen des Ich. Der Satz: »Solange ich in der Welt bin, solange bin ich ein Licht für die Welt der Menschen« (9 5), korrespondiert deutlich mit dem Schlußsatz der dem Einzug in Jerusalem folgenden Rede: »Solange ihr das Licht habt, schließt euer Herz dem Lichte auf, damit ihr Söhne des Lichtes werdet« (12 36), wobei die rein objektive Aussage hier zu einer Aufforderung gesteigert ist. Der Einzug in Jerusalem zeigt, daß die Jünger zunächst noch nicht »Söhne des Lichtes« sind, da sie den Vorgang noch nicht begreifen. Wenn gesagt wird: »Die Jünger waren sich zuerst dessen, was geschah, nicht bewußt; — später, als sich die Geistgestalt Jesu geoffenbart hatte, erinnerten sie sich daran, daß es in der Schrift bereits vorherverkündigt war« (12 16), so ist damit zum Ausdruck gebracht, daß ihnen nach Tod und Auferstehung die Augen aufgingen, die Blindheit für dieses Licht von ihnen abfiel. Am deutlichsten wird es bei Judas Iskariot gezeigt, daß er mit Blindheit geschlagen war; er versteht nicht den Vorgang der Salbung in Bethanien, er will die Frau an der vermeintlichen Verschwendung der kostbaren Salbe hindern.

Zur Heilung des Blindgeborenen, fälschlich durch die alte Einteilung getrennt, ist die große Hirtenrede unmittelbar hinzuzurechnen. Ihr grandioses, in eine weite Zukunft schauendes Zentralwort: »Dann wird eine Herde sein und ein Hirte« (10 16), spiegelt sich in dem, was nach dem Einzug in Jerusalem zu den Griechen gesagt wird: »Wenn ich erhöht werde von der Erde, werde ich alle zu mir ziehen« (12 32). Wenn schließlich in 10 22 als Zeitangabe dieser Ereignisse genannt ist das Fest der »Tempel-Erneuung«, das seit der Makkabäerzeit jährlich im Winter gefeiert wurde, so steht dieser Ausdruck, wenn man ihn auf den »Tempel seines Leibes« bezieht, in einer stillen und doch unüberhörbaren Beziehung zu dem Ausdruck von dem Nahen des letzten Passahfestes (11 55). Hier eröffnet die Wendung: »Es war nahe das Passahfest der Juden«, den zeitlichen Schauplatz aller folgenden Kapitel; von der Lazarus-Erwekkung an bis hin zu der Erscheinung des Auferstandenen am See von Tiberias stehen alle weiteren Ereignisse in unmittelbarem zeitlichen Zusammenhang mit diesem Fest. Wo diese Wendung bereits vorher im Evangelium auftauchte (2 13 und 6 4), bereitete sie in allmählicher Steigerung diese letzte Erwähnung vor; ihr drittes Vorkommen, hier vor der Salbung in Bethanien, bezieht sich auf jenes Passah, welches das wahre Fest der Tempel-Erneuung sein wird, nämlich der Erneuerung der menschlichen Leiblichkeit. Ohne das Ereignis von Tod und Auferstehung wäre die menschliche Leiblichkeit der Vergänglichkeit und dem Zerfall ausgeliefert geblieben.

i) Der kleine Abschnitt von dem »Fest der Tempel-Erneuung« (10 22-39) leitet zunächst über zu dem Ereignis der Lazarus-Erweckung, dem Mitte-Ereignis des ganzen Johannes-Evangeliums. Auch hier ist der Zeichen-Charakter zu beachten: So wie Lazarus als einzelner erweckt wird, kann die Menschheit von ihrem Verhaftetsein an die Macht der Vergänglichkeit befreit werden durch die Vollmacht über den Tod, die von Christus ausgeht. In der Identifikation Christi mit dem Vater (»Ich und der Vater sind eins« 10 30) sehen die Juden eine Gotteslästerung. Aber Jesus weist ihnen aus einem Bibelwort sein Recht nach, sich als Gottessohn zu bezeichnen: »Steht nicht geschrieben in eurem Gesetz: Ich sprach: Ihr seid Götter?« (10 34).

Damit ist das Thema genannt für das nachfolgende Ereignis, denn des Lazarus Krankheit ist »nicht zum Tode, sondern zur Offenbarung Gottes«: daß der Gott in ihm offenbar werde und durch dieses Zeichen die todüberwindende Kraft des Sohnes in Erscheinung trete. Hier ist das Zentrum des Evangelien-Inhalts erreicht; die Menschheit von ihrer Todverfallenheit zu erlösen ist der Kern der Sendung Christi. Schildert die erste Evangelienhälfte den Stufenweg, der zu dem einmaligen Ereignis einer Toten-Erweckung hinführt, so zeigt die zweite Evangelienhälfte den Weg an, der diese Einmaligkeit erweitert zu einer Möglichkeit für die Menschheit.

Das Lazarus-Kapitel steht ohne paralleles Glied im Ganzen des Johannes-Evangeliums darinnen; in ihm begegnen sich die beiden Lese-Richtungen, die wir bei unserem Gang durch das Johannes-Evangelium eingeschlagen haben.

Die Zusammenschau (Synopse) der einander entsprechenden Abschnitte führt einerseits näher an den Sinn des einzelnen Abschnittes; andererseits läßt sie die innere Logik im Aufbau des ganzen Evangeliums erkennen, die Einheit der Komposition tritt deutlicher zutage. Unser ungewöhnliches Vorgehen erschließt eine Reihe von *neun Themen*, die wir aus den gegenüberstehenden Entsprechungspaaren herausgelesen haben. Wenn in der großen Übersicht (s. Anhang) diese 9 Themen genannt sind, so soll diese Formulierung nicht allzu eng aufgefaßt werden — es ist lediglich ein Versuch, mit ihrer Hilfe die stufenweise Entwicklung des Johannes-Evangeliums zu erkennen. Ungewollt ergab sich dabei, daß je drei dieser Themen eine Gruppe bilden. Besonders klar zeigt sich diese Dreier-Gruppierung bei den mittleren Themen der ersten Evangelienhälfte (in der Übersicht auf der *linken* Seite): Die beiden Laubhüttenfest-Schilderungen umrahmen die Speisung der Fünftausend. Dieser Dreiheit entspricht in der zweiten Hälfte (in der Übersicht auf der *rechten* Seite) die Gruppe der Abschiedsreden, die schon seit alten Zeiten als eine Einheit gewertet worden ist.

Unsere Übersicht läßt die Gruppierung der übrigen Themen erkennen. Besonders hingewiesen sei auf die wiederum nahezu spiegelbildliche Entsprechung der ersten zur dritten Themengruppe. Das Johannes-Evangelium offenbart in seinem Aufbau eine geradezu überwältigende Fülle von Bezügen, hat man erst einmal den Schlüssel dazu gefunden. Allerdings würden die gewählten Themen in ihrer abstrakten Form der lebensvollen Schilderung des Evangeliums Abbruch tun, wenn man sie als »Überschriften« verstünde. Uns schien die vereinfachende Form der Themenfindung unumgänglich, um zu zeigen, wie »logisch« das Logos-Evangelium von Anfang bis Ende aufgebaut ist. Nicht als Überschriften, sondern als Themen, die auf mannigfache Weise abgewandelt werden — wie bei einem musikalischen Kunstwerk —, möchten wir jene begrifflichen Formulierungen verstanden wissen; als Herauslösung einer inneren Dynamik, nicht als Programm.

Wer die geschilderten Entsprechungen als kompositorisches Prinzip anerkennen kann, für den tritt der unterschiedliche Charakter der beiden Evangelienhälften, der bereits von vielen Forschern bemerkt worden ist, deutlicher zutage. Besonders stark kommt diese Verschiedenheit heraus im Gegenüber der Abschnitte IV bis VI und XII—XIV: Der dreimalige Versuch Jesu, in öffentlichen Reden das Wesen der göttlichen Trinität darzustellen, wird dreimal von der Allgemeinheit des Volkes zurückgewiesen; die Reden nach der Heilung des Gelähmten, nach der Speisung der Fünftausend und bei dem großen Laubhüttenfest bringen dies übereinstimmend zur Darstellung. Erst im kleinen Kreis der Jünger und erst nach dem Ausscheiden des Judas kann Christus in den drei

Teilen der »Abschiedsreden« offen vom Wesen der göttlichen Trinität sprechen (Abschnitt XII—XIV).

Der Ergänzungscharakter der beiden Hälften kommt nicht nur in den behandelten Entsprechungen zum Ausdruck, sondern auch in recht vielen Einzelheiten, die nicht unmittelbar gegenüberstehen. So ergänzen sich die Speisung der Fünftausend, bei der vorwiegend vom *Brot* gesprochen wird, und das Mahl am See (im letzten Kapitel), bei dem vorwiegend vom *Fisch* die Rede ist.

Auch im Gebrauch einzelner Wörter kommt dies zur Erscheinung. So steht den drei Vorkommen des Verbums μνάομαι in der ersten Evangelienhälfte ein ebenfalls dreimaliges Auftreten des verwandten Wortes μνημονεύω = »sich erinnern« gegenüber, wobei die Nuance bei dem ersteren mehr nach dem flüchtigen Darandenken, bei dem letzteren mehr nach dem bleibenden In-Erinnerung-Behalten geht. Auch dürfte es kein Zufall sein, daß der dreimaligen Verwendung des Ausdruckes »Reich Gottes« in der ersten Hälfte ein dreimaliges unmittelbar auf die Person Christi bezogenes »mein Reich« gegenübersteht. Und schließlich ist der zweiten Hälfte vorbehalten das Verbum γνωρίζειν »zu erkennen geben« als eine Steigerung des im ganzen Evangelium häufig verwendeten γινώσκειν = »erkennen«.

3. Stilistische Merkmale der Gliederung

Die im Vorangehenden gezeigten thematischen Entsprechungen lassen erkennen, daß das Johannes-Evangelium aus insgesamt *17 Abschnitten* besteht. Ihnen ist ein *Prolog* vorangestellt. Er steht außerhalb der Zählung, wie dies allgemein in Werken griechischer Schriftsteller üblich war; man ließ die Kapitel erst nach der Einleitung beginnen — ähnlich wie heute bei einem mehrgeschossigen Haus das Erdgeschoß nicht als Stockwerk mitgezählt wird.[36] Allerdings können wir bisher nur die Anzahl der Abschnitte erkennen. Um ihre Abgrenzungen zu bestimmen, bedarf es eines genaueren Hinhörens auf den Wortlaut.

Auffallend häufig begegnet uns in der ersten, aber auch gegen Ende der zweiten Evangelienhälfte die Wendung μετὰ τοῦτο bzw. μετὰ ταῦτα (= »nach diesem« bzw. »nach diesen Ereignissen«). Diese leitet — meist in Verbindung mit einem Ortswechsel — jeweils etwas Neues ein, das in einem gewissen zeitlichen Abstand zu dem Vorhergehenden steht. Ihre häufige Wiederkehr erinnert etwas, ohne jedoch sich so hartnäckig aufzudrängen, an das stereotype ἐντεῦθεν ἐξελαύνει in Xenophons »Anabasis«. In einigen wenigen Fällen gebraucht Johannes die Wendung auch *innerhalb* eines Sinnzusammenhanges; aber meist überbrückt er mit ihr die größeren Zeitabstände zwischen den einzelnen Abschnitten.

Das erste Mal erscheint sie bei der Hochzeit zu Kana (2_{12}), hier bezeichnenderweise in der seltenen Singularform: »Nach diesem Ereignis ...« Das dürfte bedeuten: Für den Evangelisten bildet alles Vorangegangene ein einziges Ereignis, sonst würde er nicht den Singular verwenden. Darin können wir eine stilistische Bestätigung für unsere bereits am Inhalt gewonnene Erkenntnis sehen, daß die Hochzeit zu Kana noch zum ersten Abschnitt zu rechnen ist.[37] »Nach diesem Ereignis« leitet über zu dem Abschnitt, welcher Tempelreinigung und Nikodemus-Gespräch umfaßt; beide ereignen sich bei einem Passahfest, beide in Jerusalem. Das zweite Auftreten der μετὰ ταῦτα -Wendung eröffnet einen neuen Schauplatz. Geschahen die Ereignisse des zweiten Abschnittes in der Stadt Jerusalem, so führt der dritte Abschnitt in *das Land Juda*, zu einer Auseinandersetzung zwischen Jüngern des Johannes und einigen Juden, sowie in die Landschaft *Samariens* zu dem Gespräch mit der Samariterin am Brunnen von Sychar. Die drei folgenden Abschnitte beginnen, wie dies bereits in der alten Kapitel-Einteilung erkennbar ist, ebenfalls mit den Worten: »Nach diesen Ereignissen ...« (5_1, 6_1, 7_1). So sind die ersten sechs Abschnitte eindeutig markiert. Danach fehlt die Wendung bis zu den beiden letzten Abschnitten des Evangeliums; wir sind daher genötigt, aus anderen Merkmalen den Beginn eines neuen Abschnittes zu erschließen. Das ist in der ersten Hälfte des Evangeliums noch verhältnismäßig leicht; zeigte sich doch bei den bisherigen Abschnitts-Einleitungen, daß sie stets von einem Ortswechsel begleitet waren. Zugleich kennzeichnet die Zeitbestimmung »Nach diesen Ereignissen . . .« einen zeitlichen Abstand von einem viertel oder einem halben Jahr; denn die Schilderungen selbst fallen auf die großen jüdischen Feste, an denen zumeist die entscheidenden Begebenheiten eintraten. Dazwischen müssen infolgedessen größere Abstände liegen, welche mit dem Ausdruck »nach diesen Ereignissen« genau und knapp bezeichnet werden.

Es genügt also nicht, die μετὰ ταῦτα-Sätze allein wegen ihres formelhaften Auftretens als Marksteine der Einteilung anzusehen. Maßgebend ist vielmehr für die Anerkennung dieser Einschnitte der Einblick in den auffallend chronologisch geordneten Gang des Johannes-Evangeliums. Seine einzelnen Partien sind deutlich bestimmten Jahreszeiten zugeordnet; meistens werden die Feste genannt, an denen sich etwas ereignete.

Im Anschluß an die Untersuchungen Rudolf Meyers lassen sich die Geschehnisse folgenden Zeiten zuordnen:[38]

Taufe:	Epiphanias 30
Hochzeit zu Kana:	Epiphanias 31
Tempelreinigung und Nikodemusgespräch:	Voroster- und Osterzeit 31
Gespräch mit der Samariterin:	Pfingstzeit 31
Heilung des Gelähmten:	Herbst 31 (Laubhüttenfest)
Speisung der 5000:	Vorosterzeit 32

Rede Christi über seine Sendung:	Herbst 32 (Laubhüttenfest)
Ehebrecherin und Rede vom Licht der Welt:	am Tage nach dem Herbstfest 32
Heilung des Blindgeborenen und Rede zu den Pharisäern (Ich bin die Tür, Ich bin der rechte Hirte):	Herbst und Weihnachten 32
Aufenthalt am unteren Jordan (Kapitel 10_{40-42}):	Epiphanias 33
Auferweckung des Lazarus:	Vorosterzeit 33
Salbung in Bethanien:	am Sabbat-Abend vor dem Einzug in Jerusalem
Fußwaschung und Weggang des Judas:	am Abend vor dem Passah-Opfer
Kreuzigung:	in der Stunde des Passah-Opfers
Auferstehung und Erscheinung vor den zehn Jüngern:	am ersten Tag nach dem Sabbat
Begegnung mit Thomas:	am achten Tag nach der Auferstehung (20_{26})
Erscheinung am Meer von Tiberias:	in den 40 Tagen zwischen Ostern und Himmelfahrt des Jahres 33

Johannes wählt aus der Fülle der Ereignisse wenige, aber besonders charakteristische aus, die sich auf die dreieinhalb Jahre zwischen Taufe und Auferstehung verteilen. Die anderen drei Evangelisten geben — abgesehen von Kindheitserzählungen, Taufe und Versuchung — im wesentlichen nur das wieder, was im allerletzten Jahre sich zutrug. Insofern ist das Bild, das Johannes von den drei Jahren gibt, wesentlich umfassender, obgleich er so viel weniger an Stoff bietet. —

Die μετὰ ταῦτα-Formel kennzeichnet größere zeitliche Abstände und ist entbehrlich, sobald die Ereignisse unmittelbar aufeinanderfolgen. Daraus erklärt sich ihr Fehlen am Anfang einer ganzen Reihe von Abschnitten. Johannes ist ein künstlerisch gestaltender Schriftsteller, der nicht sklavisch einem vorgefaßten Schema folgt, sondern seine Ausdrucksweise dem Inhalt jeweils anpaßt. Fehlt für die Markierung einiger Abschnitte der Hinweis »nach diesen Ereignissen«, so sind doch zunächst noch die Merkmale des Ortswechsels und des zeitlichen Abstands vorhanden. Ein Ortswechsel kennzeichnet zum Beispiel den neuen Abschnitt am Ende des 7. Kapitels: »Und sie gingen jeder in sein Haus; Jesus aber ging auf den Ölberg« (7_{53}). Daraus, daß die Geschichte mit der Ehebrecherin gleich am folgenden Tage nach dem Fest spielt, erklärt sich das Fehlen der Wendung »nach diesen Ereignissen«. Ebenso fehlt sie zu Beginn des nächsten Abschnittes, der die Heilung des Blindgeborenen und die große Rede gegen die Pharisäer umfaßt. Kapitel 9 und 10 gehen nahtlos ineinander über. Da im Anschluß an die Hirten-Rede das Fest der Tempel-Erneuung erwähnt wird, das im Winter gefeiert wurde, ist daraus zu erkennen, daß dieser Abschnitt die Herbst- und Weihnachtszeit des Jahres 32 umspannt. Daß die Heilungsschilderung ohne Zeitbestimmung beginnt, fällt auf — der Grund ist wohl darin zu suchen, daß sich dieses Ereignis *inhaltlich* eng an das Vorangegangene anschließt.

Das gleiche trifft zu für den Beginn des folgenden Abschnittes in 10_{40}: »Und er ging wiederum fort an das jenseitige Ufer des Jordans . . . und blieb dort.« Mit der Auferweckung des Lazarus, zu der dieser Satz den Auftakt bildet, kommen wir schon dicht an das letzte Passahfest heran. Zeitliche Abstände für die Abschnitte der zweiten Evangelienhälfte spielen kaum noch eine Rolle; auch von Ortswechsel kann nur in ganz eingeschränktem Maß die Rede sein, da das Geschehen sich mehr und mehr auf Jerusalem konzentriert. Der Verfasser des vierten Evangeliums läßt in der Wahl seiner Ausdrücke darüberhinaus erkennen, daß er hier bewußt auf Angaben eines Ortswechsels verzichtet; jetzt kommt die Zeit, da der Schauplatz des Handelns Christi sich verlagert aus dem Sinnesbereich in eine andere Daseinsform. Dies bezeichnen die Anfangssätze der nächsten Abschnitte mit einfachen Worten, die dennoch durchscheinen lassen, welche grandiose Metamorphose gemeint ist. Sie kündigt sich zuerst an nach der Erweckung des Lazarus in den Worten:

»Nun ging Jesus nicht mehr offen unter den Juden umher, sondern begab sich fort von da in das Gebiet am Rand der Wüste . . .« (11 54).

Noch ist sein Aufenthaltsort bekannt; aber er löst sich von der Öffentlichkeit. Der Einzug in Jerusalem zeigt, trotz aller äußeren Begeisterung, daß kein Verständnis für seine Sendung in der breiten Masse zu finden ist. Daraus folgt sein endgültiges Zurücktreten in die Verborgenheit, um im vertrauten Kreis der Jünger seine Offenbarung vorzubereiten:

»Dieses sprach Jesus, und er begab sich fort und hielt sich verborgen vor ihnen« (12 36).

Noch gehört zu diesem Jüngerkreis ein Vertreter der offenbarungsfeindlichen Macht; erst sein Hinausgehen ermöglicht den Beginn der Offenbarungsstunde, die mit den Abschiedsreden gegeben ist:

»Als er nun hinausgegangen war, spricht Jesus: Nun kommt der Menschensohn zur Offenbarung« (13 31).

Zum ersten Male ist es hier nicht Jesus, der einen Ortswechsel vollzieht, sondern ein anderer, in diesem Falle Judas. Das heißt: Die äußere Tätigkeit ist auf einen anderen übergegangen; die Sinngebung des Geschehens und die Erlangung einer neuen inneren Freiheit treten um so stärker bei Jesus hervor, der auch das Gesetz des Handelns behielt, indem er den Verräter hinausschickte.

Das Gespräch mit Petrus und die Wechselrede mit drei anderen Jüngern bereitet die Ebene vor, auf der sich nun das Christus-Wesen selbst offenbaren kann. Diese große monologische Darstellung seines Wesens, das identisch ist mit seinem göttlichen Auftrag, wird eingeleitet mit den Worten:

»Erhebet euch, lasset uns diesen Ort verlassen« (14_{31}).

Der Satz — zu Unrecht von der bisherigen Kapitel-Einteilung an das vorhergehende Gespräch mit den Jüngern angehängt — bereitet das Neue vor, deutlich die andere, höhere Ebene des Folgenden bezeichnend.

Einen weiteren Einschnitt, der wiederum die Hinwendung zu einem anderen Seinsbereich ausdrückt, gibt der Satz:

»Diese Worte sprach Jesus, und seinen Blick zum Himmel erhebend, fuhr er fort . . .« (17_{1}).

Damit sind wir in einen anderen Raum, eine andere Zeit vorgedrungen; denn im Hohepriesterlichen Gebet erscheint die Zukunft als bereits in die Gegenwart hereingenommen.

Nun vollziehen sich die äußeren Notwendigkeiten, die jene Offenbarungsstunde vor den Jüngern mit sich bringt. Wir kommen auf den Boden der Erdenwirklichkeit zurück, wieder erscheint eine äußere Ortsangabe als Kennzeichnung des folgenden Abschnittes:

»Dieses sprechend ging Jesus mit seinen Jüngern hinaus, über den Kidronbach . . .« (18_{1}).

Die letzten beiden Abschnitte werden wieder mit den uns von der ersten Evangelienhälfte her vertrauten Worten »nach diesen Ereignissen« eingeleitet:

»*Nach diesen Ereignissen* richtete Joseph von Arimathia an Pilatus die Bitte, den Leichnam Jesu abnehmen zu dürfen« (19_{38}).

Sonst überbrückte diese Wendung einen größeren zeitlichen Abstand von mehreren Monaten — hier überbrückt sie die tiefe Kluft, die mit dem Kreuzestod Jesu aufgerissen ist. Man spürt die innere Erschütterung nachzittern, wenn der Evangelienschreiber wieder auf jene Formel zurückgreift. Innerlich ist ein unendlicher Abstand zwischen Tod und Grablegung eingetreten, aus unendlich scheinender Ferne setzt die Schilderung auf einer neuen Bewußtseinsebene ein. — Auch der letzte Abschnitt beginnt mit der vertrauten Formel, die hier an die vorhergeschilderten Erscheinungen des Auferstandenen anknüpft und, genau wie in der ersten Evangelienhälfte, zusammen mit einer Ortsangabe erscheint:

»*Nach diesen Ereignissen* zeigte sich Jesus den Jüngern abermals, am Meer von Tiberias« (21₁).

Das Auftreten derselben Einleitungsformel — neben anderen Merkmalen, die hier nicht zur Rede stehen — spricht für die stilistische Einheit der beiden Evangelienhälften und die ursprüngliche Zugehörigkeit des letzten Kapitels zum Evangelium.[39] Eigenartigerweise sind die geschilderten Kennzeichen für die einzelnen Abschnitte so zurückhaltend verwendet, daß sie erst nach einer längeren Beschäftigung mit dem Text ins Auge fallen. Diese Zurückhaltung dürfte ihre Ursache darin haben, daß der Verfasser den Eindruck einer Unterteilung nicht beabsichtigte, ihn womöglich bewußt vermeiden wollte: Das Evangelium soll als ein Ganzes aufgenommen werden. Eine sachgemäße Unterteilung darf sich darum nur aus dem Ablauf des Textes als selbstverständlich ergeben.

Um bestimmte Strukturlinien des Evangeliums überhaupt zu erfassen, war es jedoch nötig, zunächst den Gesamtaufbau des Textes in seiner sachgemäßen Gliederung darzulegen.[40]

Übersicht:

Die Anfangssätze der siebzehn Abschnitte

(Prolog		Im Urbeginn war das Wort)
1.	1 19	Und dies ist das Zeugnis des Johannes ...
2.	2 12	*Nach diesem Ereignis* ging er hinab nach Kapernaum, er ...

3.	3 22	*Nach diesen Ereignissen* kam Jesus mit seinen Jüngern ...
4.	5 1	*Nach diesen Ereignissen* war das Laubhüttenfest der Juden ... und Jesus stieg hinauf nach Jerusalem.
5.	6 1	*Nach diesen Ereignissen* begab sich Jesus fort an das jenseitige Ufer ...
6.	7 1	*Und nach diesen Ereignissen* wanderte Jesus in Galiläa umher.
7.	7 53	Und sie gingen jeder in sein Haus; Jesus aber ging auf den Ölberg ...
8.	9 1	Und im Vorübergehen sah er einen Menschen, blind von Geburt an ...
9.	10 40	Und er ging wiederum fort an das jenseitige Ufer des Jordans ...
10.	11 54	Nun ging Jesus nicht mehr offen unter den Juden umher, sondern begab sich fort von da in das Gebiet am Rand der Wüste ...
11.	12 36	Dieses sprach Jesus, und er begab sich fort und hielt sich verborgen vor ihnen ...
12.	13 31	Als er nun hinausgegangen war, spricht Jesus: Nun kommt der Menschensohn zur Offenbarung ...
13.	14 31	Erhebet euch, lasset uns diesen Ort verlassen ...
14.	17 1	Diese Worte sprach Jesus, und seinen Blick zum Himmel erhebend, fuhr er fort ...
15.	18 1	Dieses sprechend ging Jesus mit seinen Jüngern hinaus, über den Kidronbach ...

16. 19 38 *Nach diesen Ereignissen* richtete Joseph von Arimathia an Pilatus die Bitte, den Leichnam Jesu abnehmen zu dürfen ...

17. 21 1 *Nach diesen Ereignissen* zeigte sich Jesus den Jüngern abermals, am Meer von Tiberias ...

II. Die ersten beiden Siebener-Rhythmen

4. Die sieben Zeichentaten: Werdestufen des Glaubens

Vom Verfasser des vierten Evangeliums werden die Hochzeit zu Kana sowie die Fernheilung des fieberkranken Knaben die »erste« und die »zweite Zeichentat« genannt. Die folgenden außergewöhnlichen Ereignisse — nämlich die Heilung des Gelähmten, die Speisung der Fünftausend, das Wandeln auf dem Meer, die Heilung des Blindgeborenen und die Auferweckung des Lazarus — heißen zwar im Evangelium selbst nicht ausdrücklich »Zeichen«, gelten aber schon seit geraumer Zeit in der Theologie als eine charakteristische Siebenheit.[41] Unter den Evangelisten ist Johannes der einzige, der für sie den Ausdruck »Zeichen« verwendet. »Zeichen« sind Ereignisse, deren Sinn sich nicht im einmaligen Vollzug erschöpft, die vielmehr hinweisen auf eine umfassendere Bedeutung.[42] Das Verständnis solcher Taten als »Wunder« würde bei ihrer historischen Einmaligkeit stehenbleiben. Aber widerspräche nicht die Vollbringung der Wunder, um Aufsehen zu erregen, der ausdrücklichen Weigerung Christi bei der Versuchung, aus Steinen Brot zu machen? Auch die Erklärung, Jesus habe mit solchen Taten wichtige menschliche Bedürfnisse befriedigen wollen, das Verlangen nach Gesundheit und Wohlergehen, nach Glück und Zufriedenheit, reicht nicht an das Verständnis ihres Zeichencharakters heran.

Für Martin Luther beruht die Bedeutung der Hochzeit zu Kana vornehmlich auf ihrem Wundercharakter und ihrer damit scheinbar gegebenen Bestätigung des christlich-bürgerlichen Lebenswandels.[43] Etwa zweihundert Jahre später bahnt sich ein tieferes Verständnis an, wenn FRIEDRICH ADOLF LAMPE in der Hochzeit zu Kana eine Parallele zu dem ersten jener Wunder sieht, die Moses vor dem Pharao vollbrachte:

»Während die Wunder Mose's anfingen mit der Verwandlung Wassers in Blut, fangen die Wunder Christi an mit der Verwandlung Wassers in Wein. Dadurch trat der große Unterschied Mose's und Christi ans Licht: jener trägt das Amt des Todes, dieser des Lebens.«[44]

Mit der vergleichenden Religionsgeschichte kam im 19. Jahrhundert ein neuer Zug in die Theologie, der bis in unsere Zeit tonangebend geblieben ist. Es wurden in anderen Religionen Erzählungen entdeckt, deren Motive den biblischen Berichten verwandt erscheinen; also, so wurde daraus gefolgert, stammen die biblischen Erzählungen aus anderen Religionen. Ob darüber hinaus den biblischen Berichten eine eigene Wahrheit zukomme, erschien nicht mehr interessant. Dabei gibt diese Methode bisweilen wichtige Anregungen, andere Religionen zu einem umfassenderen Verstehen des Christentums heranzuziehen; denn es kann heute kein Zweifel mehr darüber bestehen, daß das Christentum nicht allein aus dem Judentum, sondern aus dem Mutterboden aller vorchristlichen Mysterien-Religionen hervorgewachsen ist. Bereits solche Forscher wie WALTER BAUER und WILHELM HEITMÜLLER verwiesen zur Erklärung der Hochzeit zu Kana auf bestimmte, ähnlich klingende Wunderberichte des Dionysos-Mythos. Auf gleicher Denkbahn kommt RUDOLF BULTMANN zu der Schlußfolgerung: »Zweifellos ist diese Geschichte aus heidnischer Legende übernommen und auf Jesus übertragen worden.«[45]

Bultmann bleibt beim Aufzeigen der motivischen Parallele stehen, ohne nach dem Eigenwert der biblischen Erzählung zu fragen und damit den Zeichencharakter zu erfassen. Dadurch erweist sich Bultmanns Forschung, trotz aller so modern sich gebärdenden Radikalität, als epigonenhafte Fortsetzung der wissenschaftlichen Methoden des vergangenen Jahrhunderts.

Heute, im 20. Jahrhundert, kann mit Hilfe der Geisteswissenschaft Rudolf Steiners die Wahrheitsfrage neu gestellt und über ein bloßes Aufdecken von Analogien hinaus zur Sache selbst vorgedrungen werden. Aufgrund dessen, was RUDOLF STEINER in seinen Vorträgen über das Johannes-Evangelium vor sechzig Jahren ausgesprochen hat und was seine Schüler Lic. EMIL BOCK und RUDOLF MEYER in ihren Schriften ausgearbeitet haben, läßt sich der Zeichencharakter der Hochzeit von Kana etwa in folgender Weise charakterisieren: In früheren Zeiten waren die Menschen auf verschiedenen Wegen dem dionysischen Element begegnet; bisweilen war Dionysos selbst unter sie getreten und hatte sie in Begeisterung versetzt, sie über das Alltagsbewußtsein mächtig emporgehoben. Dadurch war eine Verstärkung und Erhöhung der menschlichen Ichkraft erfahren worden. Aber die alte Götterwelt verdämmerte, Dionysos kam nicht mehr. Da erwachte in vielen die Sehnsucht nach einem neuen Dionysos, der sich mit dem irdischen Blutsstrom verbinden würde, um das himmlische Feuer wiederzubringen, das den einzelnen wie auch die Menschheit im Ganzen von innen heraus erneuern sollte. — Anfang und Schluß der johanneischen Schilderung lassen — wenn auch verhüllt — den weltgeschichtlichen Zusammenhang erkennen. Der einleitende Ausdruck »am dritten Tage« (Joh. 2 1) weist darauf hin, daß es sich hier um ein Geschehen handelt, das bestimmten Vorgängen in den vorchristlichen Mysterien verwandt ist. Denn »am dritten Tage« erwachte der Schüler der alten Mysterien aus seinem Einweihungsschlaf, bereichert um die Erfahrungen, die ihm während der drei Tage in anderen Bewußtseinsbereichen zuteil geworden waren. Der Satz: »Sie haben keinen Wein« (2 3), bezieht sich sowohl auf die historische Gegebenheit der Hochzeitsgesellschaft in Kana, als auch auf jene Menschheits-Sehnsucht des ganzen Zeitalters. Es fehlt der Menschheit an Wein, das heißt es mangelt ihr an dem Element, das sie über ihr engpersönliches Bewußtsein hinauszuführen vermag. Die Jünger sind die ersten, die stellvertretend für die übrige Menschheit das Besondere der

Tat bemerken. Ihnen als den Einsichtigen wird deutlich: Hier offenbart sich derjenige, der »guten Wein« zu geben vermag. Dabei ist seine Erscheinung nicht flüchtig, wie bei dem Gott Dionysos, sondern den erweckten Sinnen bleibend faßlich. Was sonst durch die natürliche Sonnenkraft im Rebstock als allmählicher Wandlungsprozeß vor sich geht, das tritt hier wie eine von der äußeren Sonne unabhängige, aber ihr äußerst ähnliche Wirkung in Erscheinung. Nicht eine willkürliche Schöpfung aus dem Nichts ist dieser Wein, wohl aber das Produkt eines in den Augenblick zusammengedrängten Naturvorganges. Die Wendung »seine Jünger glaubten an ihn« (2 11) weist auf das hin, was die Jünger in jener Stunde erleben: In ihnen erwacht ein Wahrnehmungsorgan für das Geistige in dem sinnlichen Vollzug, für das Außergewöhnliche, über den Augenblick hinaus Bedeutsame seiner Handlung. »Glauben« — das bedeutet hier so viel wie »anerkennen«: Sie anerkennen die Anwesenheit eines übersinnlichen Wesens in dem Menschen Jesus. — Die leicht überschaubare Komposition der Schilderung bringt ebenfalls zum Ausdruck, daß sich dieses Ereignis zugleich in zwei Bereichen zuträgt. Zwei Reihen von je drei Personen beziehungsweise Gruppen werden erwähnt. Im Vordergrund stehen — als Gäste — die Mutter, Jesus und die Jünger. Es kommen auf seiten der Gastgeber nacheinander hinzu die Diener, der Aufseher und der Bräutigam. Dreimal wird die Mutter genannt, ebensooft der Aufseher; je zweimal werden die Jünger und die ihnen entsprechenden Diener genannt; nur einmal ist von dem Bräutigam, doch sechsmal von Jesus die Rede. (Die Braut bleibt unerwähnt, obwohl es sich um eine Hochzeit handelt. Dennoch gehört sie in das Ganze so hinein, wie die Seele des Lesers oder Hörers in das Geschehen selbstverständlich einbezogen ist.) Sogleich ergeben sich Verbindungen zwischen den beiden Gruppen: Den Jüngern entsprechen die Diener, der Mutter Jesu in ihrer vermittelnden Rolle entspricht der Aufseher, und ebenso sind miteinander zu vergleichen Jesus und der Bräutigam. Jesus erscheint als der wahre Bräutigam; denn jener bleibt ebenso wie die Braut völlig im Hintergrund. Die eigentliche Hochzeit — so wird durch die Art der Schilderung nahegelegt — ereignet sich als ein intimer seelisch-geistiger Vorgang zwischen Jesus und seiner Mutter. Aus ihrem inneren Einvernehmen (»Was webt da zwischen mir und dir?«) geht die Kraft hervor, die geistige Sonnenstrahlung, welche das Wasser zu Wein werden läßt, in einem beschleunigten Reifeprozeß. Die russische Malerin *Margarita Woloschin* hat auf einem Bild der Hochzeit zu Kana dieses Einvernehmen in einzigartiger Weise zum Ausdruck gebracht: Aus den Farben Rot und Blau, aus denen das Bild in der Hauptsache aufgebaut ist und welche im Vordergrund verdichtet erscheinen in den Gestalten Jesu und seiner Mutter, geht das Violett des Wassers hervor, welches die Diener im Hintergrund tragen. Dabei ist die Komposition so eingerichtet, daß Jesus und die Mutter vor das im Hintergrund erkennbare Brautpaar zu stehen kommen: Jesus vor dem Bräutigam, die Mutter vor der Braut. — Am besten läßt sich die Komposition mit Hilfe geometrischer Figuren überschauen. Jede der beiden Personengruppen bildet für sich ein Dreieck:

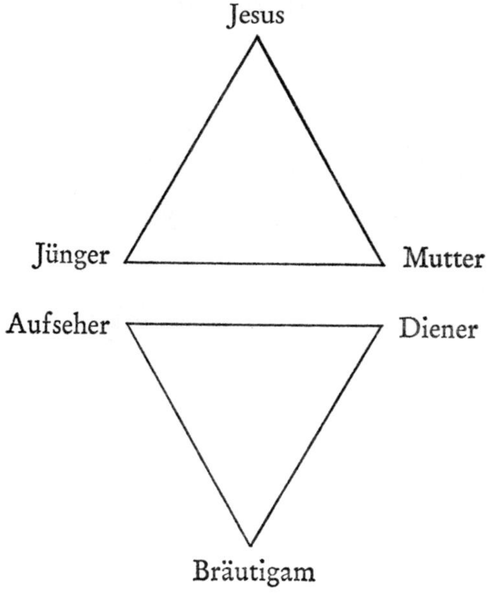

Beide Dreiecke ineinander ergeben sodann einen Sechsstern:

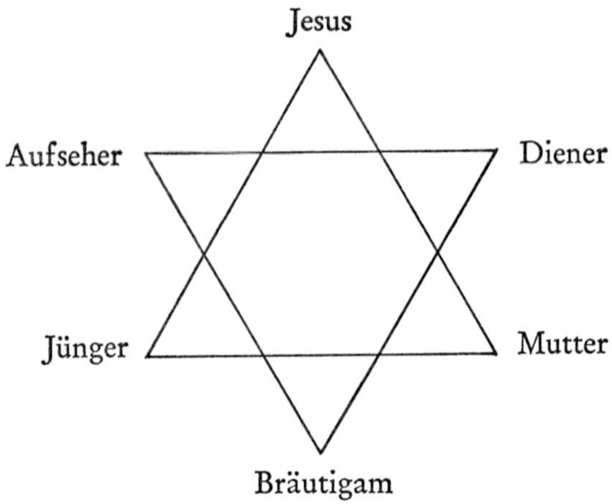

Die Häufigkeit, mit der die einzelnen Personen erwähnt werden, offenbart eine innige Beziehung zur Sechszahl und ihren Teilern:

der Name Jesu wird 6mal erwähnt
die Mutter wird 3mal erwähnt
der Aufseher wird 3mal erwähnt
die Jünger werden 2mal erwähnt
die Diener werden 2mal erwähnt
der Bräutigam wird 1mal erwähnt

Und von den sechs Wasserkrügen heißt es, daß sie »je zwei bis drei Maß« faßten. In der alten Mathematik galt die Sechs als »vollkommene« Zahl; denn sie ist sowohl die Summe wie das Produkt der ersten drei Zahlen: $1 + 2 + 3 = 6$

$$1 \times 2 \times 3 = 6$$

Auf die Sechszahl stoßen wir auch, wenn wir auf das *Sprechen* der einzelnen Personen achten und darauf, zu wem gesprochen wird. Insgesamt wird sechsmal gesprochen: dreimal von Jesus, zweimal von der Mutter, einmal von dem Aufseher.

Im ersten Teil der Schilderung spricht die Mutter zweimal und Jesus einmal:

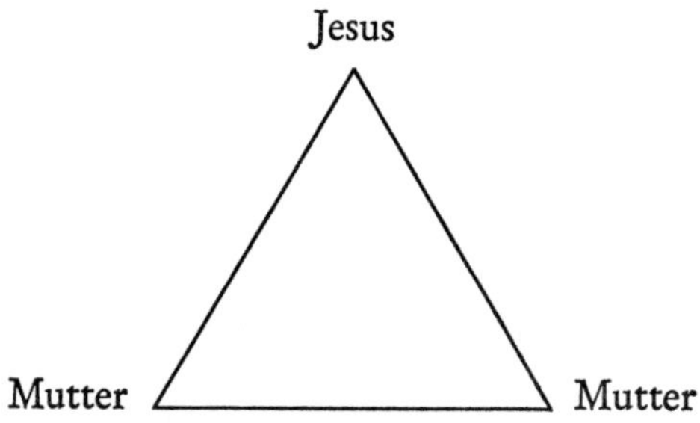

Im zweiten Teil spricht zweimal Jesus und einmal der Aufseher:

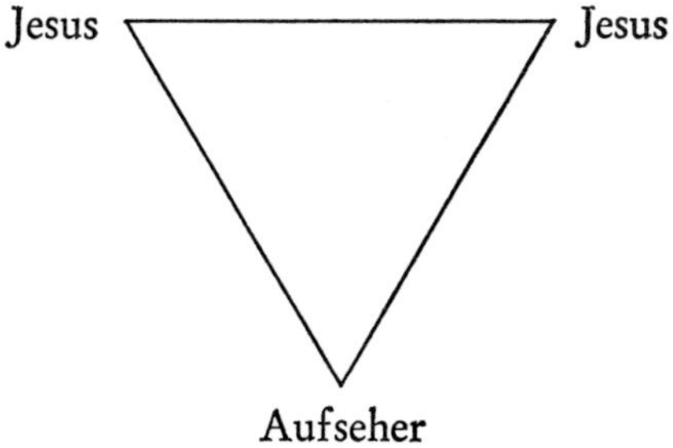

Auch hier ergibt sich aus dem Ineinanderfügen der beiden Dreiecke ein Sechsstern:

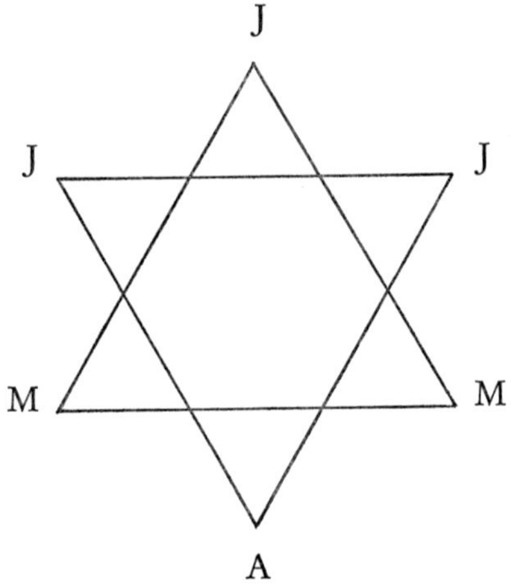

(Da die deutschen Benennungen mit dem gleichen Buchstaben beginnen wie im Griechischen, gilt diese symmetrische Figur für beide Sprachen.)

Ebenso ließe sich der Sechsstern bilden aus den Namen derer, zu denen jeweils gesprochen wird. Im ersten Teil spricht die Mutter zu Jesus, Jesus zu der Mutter, die Mutter zu den Dienern.
Im zweiten Teil spricht Jesus zweimal zu den Dienern und einmal der Aufseher zu dem Bräutigam.
Innerhalb des Johannes-Evangeliums stellt der kurze Abschnitt, welcher der Hochzeit zu Kana gewidmet ist, eine besonders konsequent durchgestaltete Komposition dar und läßt vermuten, daß dieses Evangelium noch manche andere unentdeckte Kostbarkeit birgt.

*

Man könnte nun erwarten, daß in den folgenden Zeichentaten die weitere Entfaltung der Glaubenskraft bei den Jüngern geschildert wird. Doch stehen da meist andere Personen im Blickpunkt — als wollte der Evangelienschreiber dadurch zum Ausdruck bringen, daß sich auf verschiedenen Wegen die Fähigkeit des Glaubens entfaltet, auch indem sie mittelbar vom Umkreis her auf die Jünger wirkt.

So steht im Mittelpunkt der folgenden Zeichentat, der *Heilung des fieberkranken Knaben,* der Vater. Wiederum zeigt sich der Glaube als Wahrnehmungsvermögen für Übersinnliches: Ohne Zögern vertraut der Vater darauf, daß Christus seinen Sohn aus der Ferne heilen wird:

»Jesus spricht zu ihm: Gehe hin, dein Sohn lebt. Der Mensch glaubte dem Wort ... und ging hin. ... Und er glaubte, er selbst und seine ganze Hausgemeinschaft« (4 50, 53).

*

Auf mehr unbewußte Weise äußert sich die Glaubenskraft bei dem *Gelähmten am Teiche Bethesda.* Hier geht es um den Glauben an den göttlichen Vater. Unbewußt ist das Vertrauen zu den in der Natur waltenden Vaterkräften vorhanden; denn der Kranke erwartet von dem Heilwasser seine Gesundung. Die Heilung erfährt er urplötzlich auf andere Weise: in der persönlichen Schicksalsbegegnung mit Jesus, bei der die Frage dominiert: »Willst du gesund werden?« (5 6). Aus der Antwort klingt die Erwartung des Gelähmten, daß einmal auch für ihn die Stunde der Heilung kommen wird. Er ist offen für übersinnliche Heilwirkung — so kann sie ihm auch in der anderen Form, die Jesus vermittelt, zuteil werden. Das an die Heilung sich anschließende Gespräch mit den Juden drückt es in Worten aus, daß hier die Erfahrung einer göttlichen Heilwirkung gemeint ist, die nicht nur mittelbar über die Natur als Kraft des Vaters zu machen ist, sondern auch unmittelbar durch den Sohn:

»Amen, ich sage euch: Wer mein Wort hört und dem glaubt, der mich gesandt hat, der hat ewiges Leben und kommt nicht ins

Gericht ... Denn wie der Vater das Leben in sich selbst trägt, so hat er auch dem Sohn verliehen, Leben in sich selbst zu tragen« (5 24, 26).

*

Erst bei der *Speisung der Fünftausend* treten die Jünger wieder in das Blickfeld, und zwar gerade die beiden »Griechen« unter ihnen: Philippus und Andreas. Philippus hält es für ausgeschlossen, daß für so viele Menschen Brot beschafft werden könne. Andreas bemerkt einen Knaben mit fünf Broten und zwei Fischen — allerdings zeigt auch er sich von Bedenken erfüllt angesichts dieser wenigen Mittel. Aber Andreas ist um einen Grad weiter. Den Antworten der beiden Jünger läßt sich entnehmen, daß ihr Glaubensvermögen noch nicht voll entwickelt ist. Ausdrücklich hatte es vorher geheißen: »Das sagte er, ihn auf die Probe stellend« (6 6), das heißt ihn prüfend, wieweit sein Glaube erstarkt sei.[46] Die Antworten offenbaren, daß ein unbedingtes Vertrauen in die von der Menge unabhängige Wirkung des übersinnlichen Segens noch nicht vorhanden ist; Zweifel und Furcht herrschen noch in den Seelen der Jünger vor.

*

Das Wahrnehmen des leibbefreit über den See auf sie zukommenden Christus bei der *nächtlichen Überfahrt* soll jenes fehlende Vertrauen wecken — auch hierbei fürchten sie sich noch. Sie erkennen noch nicht sein Wesen; das Auge für diese Art von Wirklichkeit ist noch nicht erwacht. Es fehlt ihnen die Ichkraft, ihr Bewußtsein auch im nächtlichen Weilen außer dem Leibe aufrechtzuerhalten.

*

Diese Ichkraft offenbart in der nächsten Zeichentat *der Blindgeborene.* Neben Jesus ist er der einzige Mensch, der im ganzen Johannes-Evangelium das Wort »Ich Bin« in dieser absoluten Form, ohne weitere Hinzufügung ausspricht (9 9). Seine Glaubenskraft wird offenbar im Gespräch mit Jesus, nachdem er aus der Gemeinschaft der Synagoge ausgeschlossen worden ist:
»Glaubst du an den Menschen-Sohn? — Jener antwortete: Und wer ist es, Herr, daß ich an ihn glauben kann? Sprach Jesus zu ihm: Den du gesehen hast und der mit dir spricht, jener ist es. Da sagte er: Ich glaube, Herr; und fiel vor ihm nieder« (9 35-38).
Die anschließenden Worte Christi, daß die Blinden sehend werden sollen, lassen keinen Zweifel daran: Der Glaube in dem Blindgeborenen ist wirklich da als ein höheres Seh-Vermögen, das ihn instand setzt, die Geistgestalt des Christus wahrzunehmen, ihn als den »Menschensohn« zu erkennen. Insofern bringt die Heilung des Blindgeborenen bereits das Ergebnis der Zeichentaten: Der Glaube ist in dem einen Menschen da. Wie der Eine zum Sehen gekommen ist, soll der ganzen Menschheit ihr schlummerndes Sehvermögen erweckt werden, damit sie das Wesen des Christus schauen lernt.

*

Ähnlich wie bei der Heilung des Blindgeborenen handelt es sich auch bei der letzten Zeichentat, der *Auferweckung des Lazarus,* in erster Linie nicht um den Glauben der Jünger; das wesentliche Gespräch wird hier zwischen Jesus und der Schwester des Verstorbenen geführt. Ihre Sicherheit, die sie im Vertrauen auf den Meister gewonnen hat, spricht aus dem wiederholten Gebrauch des Wortes »wissen«; erst beim drittenmal verwendet sie das Wort »vertrauen«:
»Herr, wärest du hier gewesen, so wäre mein Bruder nicht gestorben. Aber *ich weiß* nun, daß Gott dir alles gewährt, worum du Gott bittest. Sagt Jesus zu ihr: Dein Bruder wird auferstehen.

Sagt Martha zu ihm: *Ich weiß,* daß er auferstehen wird bei der Auferstehung am letzten Tage. Sprach Jesus zu ihr: Ich bin die Auferstehung und das Leben. Wer *auf mich vertraut,* wird leben, auch wenn er stirbt, und jeder, der im Leben ist und *auf mich vertraut,* wird in Ewigkeit nicht sterben. *Glaubst* du dieses? Sagt sie zu ihm: Ja, Herr, *ich habe das Vertrauen gewonnen,* daß du bist Christus, der Sohn Gottes, der in die Welt Kommende« (11 21-27).
Die Glaubenskraft teilt sich während dieses Gespräches der Martha mit: Nachdem Christus dreimal das Wort »glauben« bzw. »vertrauen« genannt hat, gebraucht es schließlich Martha auch, auf seine Frage hin. Ihre Worte greifen das Christusbekenntnis des Petrus aus dem Speisungskapitel auf: »Wir haben geglaubt und erkannt, daß du bist Christus, der Sohn des lebendigen Gottes« (6 69). Glaube und Erkennen, Glaube und Wissen stehen beide Male nicht ausschließend, sondern ergänzend, bestätigend nebeneinander. Die Fähigkeit des Vertrauens scheint eine Sonderform des Wissens: die Kraft erkennen, die etwas für die Zukunft Erwartetes — nämlich die Auferstehung der Toten — durch Christus bereits in die Gegenwart hereinholt. Der Glaube ist das Wissen, daß Christus die Zeit verkürzt, weil er der Herr über den Zeitenlauf ist.

*

Der Überblick über die sieben Zeichentaten läßt erkennen, daß sie das Werden der Glaubenskraft in einzelnen Menschen schildern. Allerdings bleibt im Bereich der sieben Zeichentaten der Glaube unvollendet. Thomas ist der Repräsentant der weiteren Entwicklung des Glaubens. Geben seine Worte im Lazarus-Kapitel: »Laßt uns mit ihm gehen, um mit ihm zu sterben« (11 16), eine Resignation des Willens zu erkennen, und läßt er zu Beginn der Abschiedsreden eine Unsicherheit in seinem Fühlen Ausdruck finden: »Herr, wir wissen nicht, wohin du gehst; wie können wir den Weg wissen?« (14 5), und äußert er sich noch am Ostertag als nur durch handgreifliche Beweise belehrbarer Agnostiker: »Nur wenn ich sehen könnte in seinen Händen die Nägelmale ... könnte ich glauben« (20 25), so führt ihn die Begegnung mit dem Auferstandenen am Sonntag nach Ostern zu der Glaubenssicherheit: »Mein Herr und mein Gott« (20 28). Damit endlich erscheint die Entwicklung der Glaubenskraft bei den Jüngern abgeschlossen. Wenn die sieben Zeichentaten die Entstehung des Glaubens bei einzelnen Menschen darstellen, so ist der Jüngerkreis erst hier vollständig geeint in dem Vermögen, den Auferstehungsleib Christi anzuerkennen. Mit dem gleichzeitigen Auftreten der Ausdrücke »Zeichentat« und »glauben« bestätigen die Schlußworte des 20. Kapitels, daß eine Entwicklung ihr Ende erreicht, die mit der ersten Zeichentat begann:

»Viele und andersartige Zeichentaten vollbrachte Jesus vor seinen Jüngern, die nicht in diesem Buch aufgezeichnet sind; diese hier sind geschrieben, daß ihr glaubet: Jesus ist der Christus, der Sohn Gottes, und daß ihr so glaubend Leben findet in seinem Namen.«

Den Schlußworten des 20. Kapitels glaubten viele Theologen entnehmen zu müssen, hier sei eigentlich das Johannes-Evangelium zu Ende und Kapitel 21 sei ein späterer Nachtrag. Wir teilen diese Meinung nicht; doch steht die »redaktionelle Bemerkung«, wie jene Worte bei Theologen gewöhnlich heißen, in der Tat sehr auffällig am Ende des 20. Kapitels. Sie verrät, daß hier ein wichtiges Motiv zu Ende geht. Diese Annahme wird sich sogleich erhärten, wenn wir das Wort »glauben« durch das ganze Evangelium hindurch als eines seiner wichtigsten und am häufigsten vorkommenden Wörter verfolgen. Es begegnet uns bereits im Prolog, in Zusammenhang mit der Sendung des Johannes: »auf daß alle durch ihn glauben sollten« (1 7), und wird von da an in jedem Abschnitt auffallend oft erwähnt — abgesehen vom Schlußkapitel. Nach den oben zitierten Schlußworten des Thomas-Kapitels tritt das Wort »glauben« nicht mehr auf, das Motiv hat sein Ziel erreicht. Die insgesamt 98 Vorkommen des Wortes πιστεύειν »vertrauen, anerkennen« sind überraschend gleichmäßig auf das Evangelium verteilt.

Das Wort »glauben« steht

14mal in den Abschnitten 1 und 2 (einschließlich Prolog)
15mal in den Abschnitten 3 und 4
14mal in den Abschnitten 5 und 6
14mal in den Abschnitten 7 und 8
12mal in den Abschnitten 9 und 10
15mal in den Abschnitten 11 und 12
7mal in den Abschnitten 13 und 14
7mal in den Abschnitten 15 und 16
aber keinmal im Abschnitt 17.

*

Es bleibt uns noch übrig, die Zeichentaten der eingangs gefundenen Gliederung des Evangeliums zuzuordnen. Auf die neun Abschnitte der ersten Evangelienhälfte ergibt sich dabei folgende Verteilung:

1 Hochzeit zu Kana
2 —
3 Heilung des Knaben
4 Heilung des Gelähmten
5 Speisung der Fünftausend — Wandeln auf dem Meer
6 —
7 —
8 Heilung des Blindgeborenen
9 Auferweckung des Lazarus

Der mittlere dieser neun Abschnitte ist betont durch das Vorkommen zweier Zeichentaten. Die Abschnitte 2, 6 und 7 stellen im Hinblick auf die Zeichen »Pausen« dar; so lebt der Rhythmus der Zeichentaten in Verdichtung und Zurücktreten.

5. Die sieben Ich-Bin-Sätze: die zentrale Logos-Offenbarung

Die Ich-Bin-Worte im Johannes-Evangelium sind zuerst von Friedrich Rittelmeyer als ein siebengliedriger Organismus erkannt worden, ebenso ihre Beziehung zu den sieben Sakramenten.[47] Auf den Ausführungen Rittelmeyers fußt unsere Darstellung, deren Anliegen es ist, die Stellung der sieben Ich-Bin-Worte innerhalb des ganzen Evangeliums näher zu betrachten, vor allem ihr Verhältnis zu den sieben Zeichentaten. Des weiteren soll ihr Verhältnis zu den anderen Ich-Bin-Aussagen untersucht werden, von denen ja die sieben großen Ich-Bin-Sätze nur einen kleinen Teil darstellen, wenn auch den allerwichtigsten.

Zunächst fällt auf, daß die sieben Ich-Bin-Sätze nicht gleich mit dem Beginn der Zeichentaten auftreten. Erst nachdem die Ereignisse der Zeichen und das mit ihnen verbundene Heranreifen der Glaubenskraft eine gewisse Höhe erreicht haben, setzt die Reihe der Ich-Bin-Worte ein. Als erstes erklingt nach der fünften Zeichentat das Ich-Bin-Wort vom Brot des Lebens, nachdem in der Nacht zuvor die Jünger den Christus über dem Meer wandeln sahen. Thematisch knüpft das erste Ich-Bin-Wort an die vierte Zeichentat an, die Speisung der Fünftausend. Die Aussage: »Ich bin das Brot des Lebens«, läßt erkennen, daß die Speisung aus einem bewußten Hinschenken der Wesens-Substanz Christi hervorging. In diesem Wort identifiziert sich der Geber mit der Gabe. Gesprochen wird das erste Ich-Bin-Wort zu den *Juden*, die sich in der Synagoge von Kapernaum am Morgen nach der Speisung versammelt haben. Es erklingt innerhalb einer längeren Rede, die durch eine Frage aus der Menge eröffnet und durch weitere Einwürfe bisweilen unterbrochen wird, also einen mehr öffentlichen Charakter trägt.

Das zweite Ich-Bin-Wort, vom Licht der Welt, leitet im unmittelbaren Anschluß an die Episode mit der Ehebrecherin eine längere

Rede ein, die wiederum an eine jüdische Volksmenge gerichtet ist. Doch hier befinden wir uns nicht in Galiläa, sondern in Judäa, genauer: in einem Teil des Tempels von Jerusalem. Das Laubhüttenfest und die zunehmende äußere Dunkelheit der Herbsttage bilden den Hintergrund zu diesem Wort vom Licht, so wie das Wort vom Brot des Lebens in der aufsteigenden Jahreszeit des Frühlings gesprochen wurde, im Gegenüber der Erntezeit.

Die nächsten beiden Ich-Bin-Worte erklingen im Anschluß an die Blindenheilung; ihre Jahreszeit ist die Mitte zwischen Herbst und Frühling, die Winterszeit, in die das Fest der Tempelerneuung fiel. Diese beiden Worte — von der Tür und vom Hirten — sind nicht zur Menge im allgemeinen gesprochen, sondern zu den *Pharisäern*, die den geheilten Blindgeborenen aus der Gemeinschaft der Synagoge ausgeschlossen haben. Auf solchem Hintergrund gewinnt das Wort: »Ich bin die Tür«, seinen besonderen Klang; es ist ein Kampfwort gegen die Pharisäer, die in ihrem Anspruch auf Autorität und Unterwerfung die Selbständigkeit des einzelnen nicht gelten lassen. Aufgrund dieser Haltung haben sie auch die Schilderung des wahren Sachverhaltes, die der Blindgewesene ihnen gibt, nicht zu erkennen vermocht, sie sogar als Aufsässigkeit gewertet. Ihnen wäre lieber gewesen, er wäre »blind« geblieben und weiterhin angewiesen auf ihre Führerschaft — doch damit haben sie sich in Wahrheit selbst als Blinde offenbart. Christus weist ihre autoritäre Ansicht zurück und kennzeichnet ihr Verhalten als das von Dieben und Räubern, die auf unerlaubte Weise in den Menschen eindringen, nicht durch den Zugang über das Ich-Bewußtsein. Indem sich Christus als die Tür bezeichnet, beschreibt er den Zugang, der von Ich zu Ich führt und eine Gemeinschaft der Wahrheit schafft: Er erfolgt durch Überzeugen und Anerkennen, nicht durch Befehl und blinden Gehorsam. Auch das Wort vom rechten Hirten[48] ist gegen die Pharisäer gerichtet, doch nicht als eine Verneinung ihrer schlechten Führerschaft — denn damit wäre nur eine Negation der Negation geschaffen —, sondern als eine positive Aussage, in scharfem Kontrast zu dem Bild vom Mietknecht, der keine persönliche Fürsorge für die ihm Anvertrauten walten läßt, statt dessen nur als Beamter seine Pflicht tut, ohne unmittelbare persönliche Verantwortung.

Die folgenden beiden Ich-Bin-Worte sind an einzelne Menschen gerichtet. Das Wort: »Ich bin die Auferstehung und das Leben«, (11 25) antwortet auf den Einwurf der Martha: »Ich weiß, daß er auferstehen wird bei der Auferstehung am letzten Tage.« Es rückt diesen Tag, in weiter Ferne vermutet, urplötzlich in die allernächste Gegenwart und verdichtet in der Schwester des Lazarus das religiöse Wissen zur Glaubenssicherheit. Dieses fünfte Ich-Bin-Wort erklingt wieder, wie das erste, in der Frühlingszeit und enthält wie jenes den Bestandteil »Leben«. Es deutet damit an, daß in Christus noch ein anderes Leben da ist als das des jährlich wiederkehrenden Frühlings in der Natur; ein Leben, das unabhängig ist von Jahreszeit und Weltenzeit, das die fernste Zukunft zur unmittelbaren Gegenwart werden läßt.

Das sechste Wort: »Ich bin der Weg und die Wahrheit und das Leben«, ist zu Thomas gesprochen als Entgegnung auf dessen Unsicherheit: »Wir wissen nicht, wohin du gehst.« Es ist das einzige Ich-Bin-Wort, das drei Bestandteile enthält. Auf die Beziehung zur Dreifaltigkeit hat Rittelmeyer hingewiesen: »Christus der Weg lehrt uns die Wahrheit finden, die im Weltenvater ruht, und hilft uns, das Leben leben, das der heilige Geist in uns führen will.«[49]

Das siebte Wort: »Ich bin der wahre Weinstock«, ist an die Jünger als Gemeinschaft gerichtet. Christus bezieht sich mit diesem Bildwort in ihre Gemeinschaft ein — aber nicht einfach als Gleicher unter Gleichen, sondern als der Stamm, welcher den einzelnen Zweigen Halt und Zusammenhalt verleiht.

*

Die Eigentümlichkeit der Ich-Bin-Worte liegt nicht nur darin, daß sie eine Siebenheit von einfachen Aussagesätzen bilden. Stellt man ihre Attribute zusammen, so ergibt sich eine *doppelte* Siebenheit von Begriffen. Die eine Siebenheit ist enthalten in den ersten vier Ich-Bin-Worten; das sind diejenigen, die zu den *Juden* und den *Pharisäern* gesprochen sind. Die andere Siebenheit ergibt sich aus den drei übrigen Sätzen, welche an *Martha, Thomas* und die *Jüngergemeinschaft* gerichtet sind. Die Aufreihung beider Begriffsgruppen offenbart eine Fülle bisher verborgener Beziehungen, sowohl im senkrechten als im chiastischen Gegenüber:

Das Gegenüber erweist sich als Polarität eines Äußeren und eines Inneren; den Juden und Pharisäern gegenüber werden Bilder gebraucht, die mehr *exoterisch* die kosmische Macht des Sonnengeistes aussprechen, während — bezeichnenderweise mit dem Lazarus-Kapitel beginnend — die anderen sieben Begriffe denen, die sich bereits auf den Weg der Nachfolge begeben haben, auf eine mehr *esoterische* Weise das Innen-Wesen Christi offenbaren.[50] Man kann darin die Polarität des Apollinischen und des Dionysischen erkennen: Apollinisch sind die Inhalte der ersten Reihe insofern, als sie sich herleiten von Begriffen der äußeren Erscheinungswelt, die mehr in der Richtung des Statischen liegen. Demgegenüber offenbaren die sieben Inhalte der zweiten Reihe ihre dionysische Art, indem sie mehr auf Vorgänge, auf Dynamisches, innerlich Erlebbares bezogen sind. Die Polarität kommt zur Geltung im chiastischen Gegenüber: Dem festen *Brot* mit seiner konsolidierenden Formkraft entspricht die Beweglichkeit des *Weinstockes*; dem makrokosmischen *Licht* der Sonne das innerliche *Leben*, wie es etwa im Pflanzenwachstum als verinnerlichte Sonnenkraft wirkt. Der räumlichen *Welt* steht gegenüber die innerlich erlebbare *Wahrheit* — der räumlich begriffenen *Tür* ein in bestimmter Zeit zu gehender *Weg* — dem äußerlich sorgenden rechten *Hirten* schließlich entspricht das neue Leben, das durch die Kraft der *Auferstehung* dem Menschen zuteil wird, als Erneuerung von innen her.

Aber auch das Gegenüber solcher Eigenschaften wie »recht« (im Griechischen weist das Wort καλός = »schön« noch stärker auf das äußere Erscheinen hin) und »wahr« macht jene Polarität von apollinisch und dionysisch deutlich; denn das Rechte oder Schöne wird gefunden durch den Maßstab äußerer Werte, während das Wahre sich in seiner Echtheit innerlich erweisen muß. So bringt die Polarität zum Ausdruck, daß Christus beide Welten in sich vereint: die Welt, die hinter den äußeren Sinnes-Erscheinungen liegt, und die Welt, die hinter dem seelischen Erleben verborgen ist. Christus ist Apollo und Dionysos in einem.[51]

*

Betrachtet man die Stellung der sieben großen Ich-Bin-Sätze in ihrer Beziehung zum Ganzen des Evangeliums — wir legen hierbei wiederum die neu gewonnene Einteilung in 17 Abschnitte zugrunde —, so zeigt sich, daß sie die mittleren neun Abschnitte einnehmen, vom 5. bis 13. Abschnitt einschließlich. Das heißt: Vom Höhepunkt der ersten Evangelienhälfte, dem Speisungs-Kapitel, erstrecken sie sich über die Mitte des Evangeliums bis zum Höhepunkt der zweiten Evangelienhälfte, dem Weinstock-Kapitel. Die vier ersten und die vier letzten Abschnitte des Evangeliums enthalten keinen Ich-Bin-Satz, sie bilden eine Art Rahmen für die zentrale Wort-Offenbarung des Christus. Zugleich ergibt sich eine überraschend ähnliche Verteilung wie bei den sieben Zeichentaten:

	Die sieben Zeichentaten:	Die sieben Ich-Bin-Worte:
I	Hochzeit zu Kana	—
II	—	—
III	Heilung des Knaben	—
IV	Heilung des Gelähmten	—
V	Speisung/Meerwandeln	»Ich bin das Brot des Lebens«
VI	—	—
VII	—	»Ich bin das Licht der Welt«
VIII	Heilung des Blindgeborenen	»Ich bin die Tür« / »der rechte Hirte«
IX	Auferweckung des Lazarus	»Ich bin die Auferstehung und das Leben«
X	—	—
XI	—	—
XII	—	»Ich bin der Weg und die Wahrheit und das Leben«
XIII	—	»Ich bin der wahre Weinstock«
XIV	—	—
XV	—	—
XVI	—	—
XVII	—	—

Jede der beiden Siebenheiten nimmt also neun Abschnitte in Anspruch. Dabei ist der durch die »Pausen« gebildete Rhythmus ihres Auftretens nahezu gleich: Der zweite Abschnitt bleibt jeweils frei von einem Zeichen beziehungsweise von einem Ich-Bin-Wort, ebenfalls der sechste und siebte Abschnitt. Der fünfte Abschnitt enthält zwei Zeichen (Speisung und Meerwandeln); ebenso befinden sich das dritte und vierte Ich-Bin-Wort in einem Abschnitt. Der einzige Unterschied zwischen beiden Rhythmen besteht darin, daß es von den Zeichen das vierte und fünfte und von den Ich-Bin-Worten das dritte und vierte sind, die in einen Abschnitt zusammengerückt sind.

Das Nebeneinanderstellen der beiden Siebenheiten im Verhältnis zu ihren jeweils neun Abschnitten verdeutlicht die Ähnlichkeit ihrer Rhythmen noch besser:

I	1 Zeichen	V	1 Ich-Bin-Wort
II	—	VI	—
III	1 Zeichen	VII	1 Ich-Bin-Wort
IV	1 Zeichen	VIII	2 Ich-Bin-Worte
V	2 Zeichen	IX	1 Ich-Bin-Wort
VI	—	X	—
VII	—	XI	—
VIII	1 Zeichen	XII	1 Ich-Bin-Wort
IX	1 Zeichen	XIII	1 Ich-Bin-Wort

Dehnt man die Untersuchung auf alle Sätze aus, welche die Wendung »Ich bin« (ἐγώ εἰμί oder in der Nebensatzformulierung εἰμὶ ἐγώ) auch ohne Attribut enthalten, so ergibt sich ein ähnliches Bild. Insgesamt kommt dieser Ausdruck 36mal vor — im ersten Abschnitt nur zweimal, hier allein aus dem Munde Johannes des Täufers; vollgültig, aus dem Munde Jesu gesprochen, setzt die Reihe der Ich-Bin-Worte dann erst im dritten Abschnitt ein und erstreckt sich bis zum fünfzehnten Abschnitt. Die beiden letzten Abschnitte bleiben also von der Formel »Ich-Bin« frei.[52] Die beiden Bestandteile der Ich-Bin-Formel (das »Bin« und das »Ich«) bilden im Verlauf des Evangeliums wiederum eine charakteristische Figur: Die Verbform »bin« (εἰμί) ohne zusätzliches Personalpronomen kommt insgesamt siebzehnmal vor, beginnend mit einem einzigen Vorkommen im ersten Abschnitt im Munde Johannes des Täufers, dann erst richtig einsetzend im dritten Abschnitt und wiederum bis zum drittletzten Abschnitt reichend. Das Wort »Ich« (die 36 Ich-Bin-Sätze sind hierin einbezogen) kommt insgesamt 144mal im Evangelium vor: sechsmal im ersten Abschnitt, abermals nur im Munde Johannes des Täufers. Richtig und ohne einen Abschnitt auszulassen, setzt es erst im dritten

Abschnitt ein und reicht wiederum nur bis zum drittletzten Abschnitt. So zeigen die beiden Wörter »Ich« und »Bin« das gleiche Bild, das wir bereits von den 36 Vorkommen der Ich-Bin-Formel kennen. Die Mittelstellung des »Ich-Bin« im Evangelium wird durch sie bekräftigt. Deutlich stehen die sieben großen Ich-Bin-Sätze im Zentrum des Evangeliums, indem sie genau die mittleren neun Abschnitte einnehmen; die Ich-Bin-Sätze im Munde Johannes des Täufers bilden einen »Vorhof« dazu, die Ich-Vorkommen des dritten sowie des 14. und 15. Abschnittes einen »Hof«, der die mittleren neun Abschnitte um zwei Abschnitte nach vorn und zwei Abschnitte nach hinten übergreift.

Übersicht:

Die zentrale Gruppierung der Wörter Bin, Ich und Ich Bin

Abschnitt	εἰμί (ohne ἐγώ)	ἐγώ (überhaupt)	ἐγώ εἰμι	
I	(1)	(6)	(2)	»Vorhof«: Ich und Ich Bin im Munde Joh. d. Täufers
II	—	—	—	
III	1	5	2	»Hof«
IV	—	8	—	
V	—	12	5	Bereich der sieben großen Ich-Bin-Worte
VI	2	6	2	
VII	1	24	7	
VIII	2	12	5	
IX	—	3	2	
X	—	1	—	
XI	1	11	1	
XII	2	16	2	
XIII	—	12	2	
XIV	4	16	1	»Hof«
XV	3	12	5	
XVI	—	—	—	
XVII	—	—	—	
insgesamt:	17	144	36	

Daß das Ich-Bin nicht durch Jesus, sondern durch Johannes den Täufer eingeleitet wird, entspricht dem erwarteten Gang des Evangeliums; denn Johannes ist der Wegbereiter für die Verkündigung Jesu, wie dies aus dem Matthäus-Evangelium bekannt ist: Dort beginnt Jesus sogar mit denselben Worten wie Johannes seine Lehrtätigkeit. Daß aber die letzten Abschnitte des 4. Evangeliums kein »Ich-Bin« mehr enthalten, ist etwas durchaus Überraschendes. Das Wort zu Pilatus: »Du sagst es: ein König bin ich«, stellt das letzte Erklingen dieses zentralen Offenbarungswortes des Johannes-Evangeliums dar. Hier, am Ende des Verhörs, tritt die »Ich-Bin«-Offenbarung aus dem Bereich des irdisch Hörbaren wieder zurück in den Bereich des Schweigens. Aus dem Munde des Auferstandenen erklingt es kein einziges Mal. Die persönliche Sendung des Sohnes ist erfüllt; sein weiteres Wirken, auch wo es einzelne Menschen betrifft, wird vermittelt durch den Heiligen Geist. Im Übergang der Sendung an den Heiligen Geist (vgl. Joh. 20 22) mag der tiefere Sinn für das Zurücktreten der Ich-Bin-Aussagen am Ende des Johannes-Evangeliums gesehen werden.

6. Die Verschränkung der sieben Zeichen und der sieben Ich-Bin-Worte

Ihrer äußeren Erscheinung nach stehen die sieben Zeichentaten und die sieben Ich-Bin-Worte nebeneinander in fast gleichem Rhythmus. Ihre innere Beziehung verläuft in sich überkreuzender Weise, so daß das letzte Ich-Bin-Wort dem ersten Zeichen, das vorletzte Wort dem zweiten Zeichen zuzuordnen ist, und so fort.

a) Das Wort vom wahren Weinstock bildet den Hintergrund zur

Hochzeit von Kana: Die Wandlung des Wassers in »guten« Wein geht aus von dem, der sich später als den »wahren Weinstock« bezeichnen wird; das Gute leitet sich her vom Wahren.

b) Im Hintergrund der *Heilung des fieberkranken Knaben* steht das Wort: »Ich bin der Weg und die Wahrheit und das Leben.« Bei dieser Heilung spielt äußerlich der W e g eine Rolle, den Christus von Kana nach Kapernaum zurückzulegen gebeten wird vom Vater des Kindes. Auf dem Weg begegnen die Knechte später dem Vater mit der Nachricht: »Dein Kind *lebt.*» Mit dem gleichen Ausdruck hatte ihn bereits Christus auf diese Tatsache hingewiesen: »Gehe, dein Sohn *lebt.«* Der dritte Bestandteil des entsprechenden Ich-Bin-Wortes, die W a h r h e i t, ist indirekt enthalten in der Fernheilung selbst, an die der Vater bedingungslos glaubt; das Ich-Bin-Wort offenbart die ordnende Macht der Wahrheit, die von Christus in die Unsicherheit beim Übergang in ein neues Lebensalter ordnend und kräftigend hineinstrahlt. Umgekehrt kann die Unsicherheit der Jünger, welche zu Beginn der Abschiedsreden mit der Frage: »Herr, wir wissen nicht, wohin du gehst ...«, das Wort: »Ich bin der Weg, die Wahrheit und das Leben«, auslöst, als die Schwellen-Unsicherheit vor Betreten einer neuen Bewußtseins-Stufe verstanden werden: Die fragenden Jünger sind auf dem Weg ihrer inneren Entwicklung in einer ähnlichen Lage wie der Vater des fieberkranken Knaben. Das Ich-Bin-Wort verändert augenblicklich das Klima des Gespräches, das sogleich seinen Wahrheitskern erreicht in der überraschenden Feststellung: »Wer mich gesehen hat, hat den Vater gesehen« (14 $_9$). So stützen sich gegenseitig im Verständnis die Schilderung von jenem Vater, der sein »Kind« als »Sohn« neu findet, und jenes Ich-Bin-Wort, das den Jüngern den Zugang zu dem himmlischen Vater im Sohn unmittelbar eröffnet. Wer seine Gedanken auf diesen sich entsprechenden Stellen länger ruhen läßt, wird weitere wesentliche Beziehungen bemerken.[53]

c) *Die Heilung des Gelähmten* — als drittes Zeichen deutet sie bereits auf das, was am »dritten Tag« geschieht — betrifft die Überwindung von Verhärtungserkrankungen; gleich zu Beginn werden »Blinde, Lahme, Vertrocknete, Gelähmte« erwähnt (5 3). Christi Frage an den Gelähmten: »Willst du gesund werden?«, deutet an, daß zunächst eine innere Lebenshemmung zu beseitigen ist. Die Aufforderung »Erhebe dich« (5 8) bedeutet dann nicht eine von außen wirkende magische Zutat, sondern die Erkraftung des Menschen von innen, aufgrund der vorangegangenen Entscheidung, das Leben zu bejahen. Christus verstärkt den Gesundungswillen des Einsichtigen.

Das Wort: »Ich bin die Auferstehung und das Leben«, bildet den Hintergrund dieser Heilung. Es offenbart die Vollmacht dessen, der Herr ist über die Entscheidung zwischen Leben und Tod. Umgekehrt verdeutlicht die dritte Zeichentat, daß es sich auch bei Lazarus um eine Art Lebenskrisis handelt; er sollte das Ja zum Leben aus dem Geiste finden, auf daß »der Gott in ihm offenbar werde«. Bezeichnenderweise findet sich im ganzen Johannes-Evangelium das Wort »Auferstehung« nur hier bei der Heilung des Gelähmten (5 19) und bei der Erweckung des Lazarus in unmittelbarem Zusammenhang mit dem Wort: »Ich bin die Auferstehung« (11 24-25).

d) Die Erwähnung des grünen Grases bei der *Speisung der Fünftausend* (»Es war viel Gras an jener Stelle« 6 10) gibt eine bildliche Anknüpfung für das Wort vom rechten Hirten, der die Schafe zur Weide führt: »Ich kenne sie, und sie folgen mir, und ich gebe ihnen ewiges Leben« (10 27 f.).

Die der Speisung vorausgegangene Anweisung an die Jünger: »Machet, daß die Menschen sich lagern«, in 6 10, offenbart die seelenordnende Hirtenkraft Christi. Er ist der Hirte, der in den nächtlichen und nachtodlichen Bereichen diejenigen führt, die zu ihm streben. Die Speisung der Fünftausend ist ein Erlebnis mit nächtlichen Tiefendimensionen, und das Wort vom rechten

Hirten gehört zum Bereich des Nachtodlichen. In der Frühzeit des Christentums war diese Beziehung etwas Selbstverständliches. Dies verrät die Anlage einer Begräbnisstätte aus dem 5. Jahrhundert: das von außen so unscheinbar anmutende Mausoleum der Kaiserin Galla Placidia in Ravenna. In dem kleinen Raum, der nur wenige Sarkophage enthält, ist über dem Eingang Christus mit dem Kreuzstab in der Hand als Hirte dargestellt; die Gebärde der anderen Hand läßt erkennen, daß er sich, obgleich sein Blick in die Ferne gerichtet ist, um seine Schafe kümmert. — Man täte einer solchen Darstellung Unrecht, verstünde man sie nur im gefühlvollen, erbaulichen Sinn. Gemeint ist sie als echte geistige Aussage. Die Schafe sind nicht die frömmelnden hilflosen Seelen, etwa die braven, geduldigen Kirchgänger. Das Bild des Schafes ist vielmehr Ausdruck für die Geister der Verstorbenen. Hier, als einem der wichtigsten bildnerischen Zeugnisse urchristlichen Denkens, bedeutet das zentrale Ruhen der Hirtengestalt mit dem Kreuzstab die Sicherheit, welche aus der Verbundenheit mit Christus für das nachtodliche Dasein der entkörperten Seelen erwartet wurde.

e) Die unmittelbar an die Speisung sich anschließende *Überfahrt* über das Meer gewinnt ihren erklärenden Hintergrund durch das zugehörige Wort: »Ich bin die Tür«. Ohne das Herankommen des Christuswesens wären die Jünger im Sturm verloren gewesen. Sein unvermitteltes Hereintreten in die Szene erschließt ihnen den Zugang zu den Kräften der Ruhe und des Vertrauens, die allein aus den gefahrvollen äußeren und inneren Stürmen erretten können.[54] Es ist ja das Erstaunliche bei dieser Zeichentat, daß die Jünger unmittelbar nach dem Offenbarungswort: »Ich bin, fürchtet euch nicht«, an das Ziel ihrer Überfahrt gelangen. Sogleich gewinnen die Jünger das feste Land. Dieses Gewinnen eines festen Bodens unter den Füßen wird transparent für die Sicherheit im geistigen Bereich, wenn man das »Ich bin die Tür« als Schlüsselwort hinzunimmt, bei dem ja auch gesprochen wird von der Fähigkeit, »von hier nach da und von da hierher zu gelangen« (10 9).

Was auf der vorhergehenden Stufe noch als reines Vertrauen zu dem Seelenhirten geschildert wurde, wird hier zur sicheren Orientierungsfähigkeit im nachtodlichen Bereich. Es entspricht dieser Beobachtung eine Aussage von WALTER GRUNDMANN: »Der über den See Schreitende ist Herr der Finsternis und des Todes, die im Wüten des Meeres ihr Symbol haben.«[55] Noch deutlicher wird dieser Sachverhalt, wenn wir berücksichtigen, daß das Meer oft als Bild für das Geistgebiet verwendet ist. Umgekehrt verdeutlicht die Überfahrt an das andere Ufer, daß mit dem Wort: »Ich bin die Tür«, hingewiesen ist auf den Übergang von einem Bewußtseinszustand zu einem anderen. Vor dem doppelten Hintergrund der nächtlichen Fahrt über den See und des Wortes: »Ich bin die Tür«, wird verständlich, warum die Übergänge vom Tag zur Nacht und von der Nacht zum Tag von vielen auf diesem Gebiet Erfahrenen als besonders fruchtbar für das Gebetsleben angesehen werden.[56]

f) *Die Heilung des Blinden* erfolgt vor dem Hintergrund des Wortes: »Ich bin das Licht der Welt«; beides erklärt sich gegenseitig. Wie das »Auge am Licht für das Licht gebildet« (Goethe) ist, so vermag das Christus-Licht dem Blindgeborenen das Auge zu öffnen. Aber es ist das Licht der *Welt,* das heißt: Nicht um eines persönlichen Glückes willen wird der Mangel behoben, sondern als Zeichen, daß durch die Christus-Erkenntnis eine natürliche Schwäche der gesamten Menschheit, nämlich ihre Blindheit für die Welt des Geistes, zu heilen ist.

g) Und schließlich wirft das Wort vom »Brot des Lebens« ein ganz eigenes Licht auf die *Erweckung des Lazarus.* Man kann ein inneres Verständnis dafür gewinnen, daß hierbei nicht ein altes Leben wiedergeschenkt wird, sondern ein neuer Zustand, ein erhöhtes Dasein, das Lazarus, dem Geliebten, einen neuen

Lebensinhalt verleiht. Wer sprechen kann: »Ich bin das Brot, das vom Himmel herabsteigt und der Welt das Leben gibt«, weist nicht hin auf den natürlichen Lebens- und Sterbeprozeß, sondern auf die Erfüllung mit einem Leben höherer Art; dieses knüpft zwar an den natürlichen Lebensprozeß an, aber erhöhend, ihn mit seinem Ursprung unmittelbar verbindend. Es führt hinaus über das vergängliche Dasein: »Eure Väter haben in der Wüste das Manna gegessen und sind gestorben; wer aber von diesem Brote ißt, wird in Ewigkeit leben« (6 49, 51), zu einem Leben anderer Art: »Wer an mich glaubt, wird leben, auch wenn er stirbt, und jeder, der lebt und an mich glaubt, wird nicht sterben für die Ewigkeit« (11 25-26).

Wiederum wird die inhaltliche Entsprechung auch vom Wortbestand bestätigt: Gerade das Speisungs-Kapitel enthält das Verbum »auferstehen« am häufigsten. Viermal kehrt es hier wieder, und zwar immer in der Form ἀναστήσω »ich werde auferwecken« (6 39, 40, 44, 54). Von den übrigen vier Vorkommen dieses Verbs finden sich bezeichnenderweise drei im Lazarus-Kapitel und überraschenderweise nur ein einziges im Auferstehungs-Kapitel, noch dazu wie beiläufig in einem Nebensatz (20 9).

*

So sind wir abermals auf das Prinzip der kreuzförmigen Entsprechung gestoßen, das wir bereits am Anfang gefunden hatten bei den thematischen Spiegelungen. Graphisch ergeben die Beziehungen zwischen den Zeichentaten und den Ich-Bin-Worten eine sternförmige Figur:

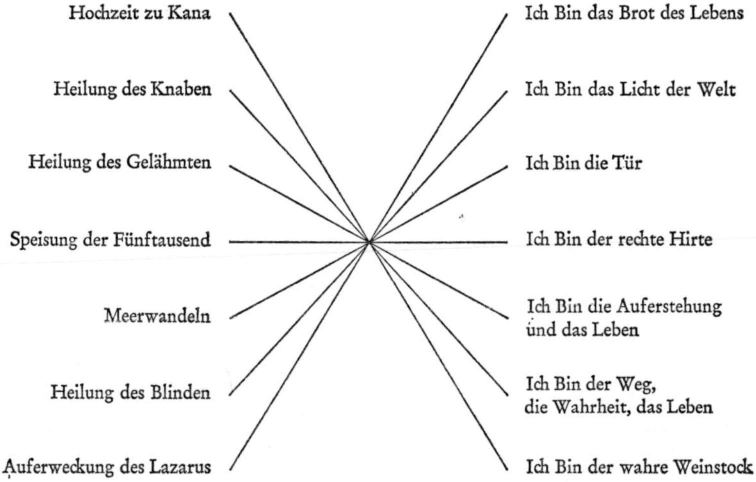
Hochzeit zu Kana
Heilung des Knaben
Heilung des Gelähmten
Speisung der Fünftausend
Meerwandeln
Heilung des Blinden
Auferweckung des Lazarus
Ich Bin das Brot des Lebens
Ich Bin das Licht der Welt
Ich Bin die Tür
Ich Bin der rechte Hirte
Ich Bin die Auferstehung und das Leben
Ich Bin der Weg, die Wahrheit, das Leben
Ich Bin der wahre Weinstock

III. Ein dritter Siebener-Rhythmus

7. Die johanneische Verkündigung - eine Gesamtschau der Weltgeschichte

Der Prolog des Johannes-Evangeliums enthält in abgekürzter Form eine ganze Weltentstehungslehre. Sie besagt in Übereinstimmung mit der Ansicht des Paulus,[57] daß Christus der Logos ist und daß aus diesem Logos als göttlicher Schöpferkraft alles Sichtbare hervorgegangen ist.[58] Durch den Prolog wird diese Grundansicht differenziert: Der Logos hat bereits an vorirdischen Weltenzuständen mitgewirkt; Wort, Leben und Licht sind die Metamorphosen, die der Logos als inneres Schaffensprinzip in jenen vorirdischen Zuständen durchlebt hat. Die Wesensverwandlungen des Logos sind in Wahrheit die Beweggründe für die Veränderungen der äußeren Daseinszustände innerhalb der Weltentwicklung. Versteht man den Prolog wörtlich, so führt er weiter zurück an den Weltenanfang als der Schöpfungsbericht des Alten Testamentes, der erst beim Erdenanfang einsetzt.

Es hat aber eine jüdische Geheimlehre gegeben, die das Voranschreiten in vier großen Entwicklungsphasen beschreibt, ähnlich wie der Johannes-Prolog. Aufgezeichnet ist sie in dem »Buch der Schöpfung«, dem Sepher Jesirah, dessen Inhalt auf Abraham zurückgehen soll. Sie erwähnt vier elementare Daseinszustände: »Stimme, Geist und Wort, dies ist der Geist des Heiligen, sein Anfang hat keinen Beginn und sein Ende hat keine Grenze. Zwei: Luft aus Geist... Drei: Wasser aus Luft... Vier: Feuer aus Wasser...«

»... und so findet es sich, daß die ganze Schöpfung und die ganze Sprache aus einem Namen hervorgeht...« [59]

Allerdings war die jüdische Geheimlehre im Laufe ihrer Jahrtausende währenden Überlieferung allerlei Veränderungen und Mißverständnissen ausgesetzt. Besser als an jenen Trümmern einer uralten Weisheit, so ehrwürdig sie erscheinen, kann man sich an der Weltentstehungslehre orientieren, die RUDOLF STEINER für unsere Zeit aus eigener Schau erneuert hat.[60] In ihrem Kern entspricht sie der alten Lehre, führt aber in vielen Einzelheiten weiter. — Rudolf Steiner beschreibt den ältesten faßbaren Weltenzustand als eine »Wärmekugel«, die aus von innen nach außen (= tohu) und von außen nach innen (= bohu) gerichteten Wärmeströmungen bestand.[61] Damals bereits wurde die erste Anlage des menschlichen Leibes geschaffen; Tiere, Pflanzen und Gesteine gab es noch nicht. In diesem Zustand, den der Prolog des Johannes-Evangeliums als »Urbeginn« bezeichnet, hatte der Sohn Gottes die Form des Logos; das schaffende Prinzip dieses Urzustandes war das »Wort« im Sinne eines göttlichen Sprechens, eines schöpferischen Ausformens göttlicher Vorstellungen (Gedankenwesen):

»Im Urbeginne war das Wort: und das Wort war bei Gott. Und ein Gott war das Wort: dieses war im Urbeginne bei Gott.«

Nach einer Zwischenzeit, in der alles bis dahin Gewordene wieder zurücktrat, wurde ein nächster Weltenzustand ins Dasein gerufen. Sein Kennzeichen ist die Belebung des früher nur von außen Bewegten. In diesem Zustand, der eine erste Differenzierung des früheren Wärmeelementes in das dichtere Element Luft und das feinere ätherische Licht brachte, wirkte der Logos als die belebende Kraft. Darum wird dieser Zustand von Johannes schlechthin als »Leben« bezeichnet:

»Was entstanden ist, hatte sein Leben durch ihn.«

Wieder folgte eine Zwischenzeit, und danach differenzierte sich das bisher Gewordene weiter; als stoffliches Element kam das Flüssige hinzu, und zum Licht-Äther trat der Klang-Äther. Damit war erste Möglichkeit zu einer Innerlichkeit geschaffen: Das Seelische wurde in seiner Anlage dem Menschenkeim eingegeben; unter solchem Einfluß erfuhren der physische Leib und der Bildekräfteleib ihre Umgestaltung. In diesem Weltenzustand trat der Logos als inneres Licht auf:

»Und das Leben war das Licht der Menschen.«

Nach einer weiteren Zwischenzeit erst entstand unsere Erde, wobei zunächst die erstgenannten Zustände wiederholt wurden. Große Umbildungen der Erdoberfläche gingen den Veränderungen des Menschenwesens parallel. Im vierten Abschnitt der Erdenentwicklung, der als »atlantische Zeit« bezeichnet wird und sich im wesentlichen auf dem untergegangenen Kontinent zwischen Europa und Amerika abspielte, bekam der Mensch die erste Anlage zu einem Ich. Das Ich aber kann sich nur entfalten in der Auseinandersetzung zwischen Licht und Finsternis: »Und das Licht scheint in der Finsternis, und die Finsternis konnte es nicht wegnehmen.«

Nach dem Untergang der Atlantis durch die große Flut bahnte sich allmählich eine Entwicklung an, die das höhere Ich zur Entfaltung brachte, zunächst in den Menschen, die durch die Einweihung gingen und dadurch nicht mehr nur von den Kräften der Vererbung und den niederen egoistischen Trieben abhängig blieben, sondern die Verwandtschaft ihres Ich mit Gott erlebten, eine »Wiedergeburt« erfuhren. Dieser Zeitraum wird von Johannes in folgender Weise geschildert:

»Es ward ein Mensch, gesandt von Gott, ihm war der Name Johannes. Er kam als Zeuge, um für das Licht zu zeugen, auf daß alle durch ihn zum Glauben kämen. Nicht war er selbst das Licht, sondern ein Zeuge für das Vorhandensein des Lichtes. Das Licht war das wahrhaftige (= das Urlicht), das jeden Menschen erleuchtet bei seinem Kommen in die Welt. Es war in der Welt, und die Welt ist durch ihn entstanden, aber die Welt erkannte ihn nicht (= den Logos in Gestalt des Lichtes). Zu den Einzelwesen kam er, aber die einzelnen nahmen ihn nicht auf. Nur diejenigen, die ihn annahmen, denen gab er die Fähigkeit, Kinder Gottes zu werden, nämlich denen, die an seinen Namen glauben; sie sind nicht aus der Erbströmung des Blutes, nicht aus dem

Drang nach Leben und nicht aus menschlichem Willen, sondern unmittelbar aus Gott geboren.«

Der Prolog läßt offen, welche innere Gestalt der Logos auf der Erde annimmt. Er schildert nur die Tatsache seiner Verkörperung: »Und der Logos nahm Erdengestalt an und wohnte bei uns, und wir schauten seine Offenbarung, ein Offenbarwerden des vom Vater in Ewigkeit geborenen Sohnes, erfüllt von Gnadekraft und Wahrheitslicht.«

»Wahrheit« und »Gnade«: das sind letztlich auch Hüllen des Logos, sein innerstes Wesen ist mit diesen Umschreibungen noch nicht ausgesprochen. Offenbar beabsichtigt der Evangelist, erst im Laufe des Evangeliums hervortreten zu lassen, worin das Wesen des Logos in seiner Erdenerscheinung besteht.

Rudolf Steiner hat den wichtigsten Schlüssel zum Verständnis des Johannes-Evangeliums gegeben, als er sagte, die Erde sei der »Kosmos der Liebe« und der vorangegangene Zustand »der Kosmos der Weisheit«.[62] Damals sei in die Entwicklung bereits jene ganze innerliche Weisheit gelegt worden, die sinnvolle Beseelung der Natur, der es zu verdanken ist, daß heute zum Beispiel die Wespen ihre Papiernester und die Bienen ihre sechseckigen Honigwaben bauen. Die gleiche Weisheit findet sich in der mit geringstem Aufwand erreichten Stabilität der Grashalme und Blattstiele, aber auch in der Struktur des Knochengerüstes der Säugetiere und des Menschenleibes. All diese Weisheit in der gewordenen Welt ist die Tat des Logos als Licht, und jene erforschen bedeutet, die früheren Taten des Logos entdecken. Weisheit anwenden in technischen Einrichtungen heißt mithin nichts anderes, als den Kosmos der Weisheit im jetzigen Zustand nützen. Alles technische Können ist insofern nur ein Wiederholen eines früher bereits Dagewesenen. Voran kommt die Entwicklung erst dort, wo zu allem Aufwand an Wissen und Können ein neues Element tritt: die Liebe, die innere Anteilnahme, das warme Interesse am anderen Menschen, am Tier, an der Erde. Denn unsere Erde ist

der Kosmos der Liebe.

Darum bleibt hinter der Entwicklung zurück, wer nicht zu allen anderen Fähigkeiten die Wärme der Liebe hinzuerwirbt. Der Hauptzweck des Erdenzustandes ist das Erwerben der Liebe-Fähigkeit:

»Die Liebe ist der Endzweck der Weltgeschichte, das Unum des Universums«[63],

— das Unum, also der einzige Zweck der Geschichte; oder wie wir heute einschränkend sagen würden: des jetzigen Weltzustandes Erde. Wer die Liebe nicht lernt, lebt am Sinn der Geschichte vorbei. Wer sie lernt, hilft der Entwicklung ein wesentliches Element einfügen, das einem späteren Erdenzustand ebenso zugute kommen wird wie unserem jetzigen Zustand die in allen Naturvorgängen vorhandene Weisheit. Wenn einige Philosophen der Natur vorwerfen, daß es ihr an Liebe mangele und sie nur das Machtinteresse des Stärkeren gelten lasse, so ist aus sachlicher Folgerung zu entgegnen: Das gerade soll sie im Menschenreich erfahren, daß es außer der Macht und außer der Weisheit eine dritte Weltenkraft gibt: die Liebe. Darum sollen die kritischen Denker Geduld haben, die Welt geht ihrer Vollendung schrittweise entgegen, und vor allem von uns Menschen hängt es ab, ob sie ihren nächsten Zustand erreicht; denn nur der Mensch ist fähig, die Liebe zu lernen.

Freilich könnte es ein Zufall sein, daß der Dichter denselben Ausdruck gebraucht wie der Geistesforscher. Aus einer bloß zufälligen Gleichheit kann nichts Verbindliches abgeleitet werden. Um so mehr kommt es darauf an, den Begriff »Liebe« in seiner kristallenen Klarheit zu fassen, um die bei einem so breit verwendeten Begriff möglichen Mißverständnisse auszuschließen. Liebe darf nicht verwechselt werden mit irgendeinem nebulosen oder schwelgerischen Gefühl noch mit einem schwachen und wirkungslosen Wünschen. Liebe ist vielmehr eine aktive Kraft, die Klarsicht und Entschiedenheit vereint als eine den Menschen bestimmende Macht. So gesehen ist die Liebe eine erneuernde und zugleich erhöhende schöpferische Fähigkeit, die das Denken, Fühlen und Wollen eines einzelnen oder einer Gruppe von Menschen zugleich impulsieren und dadurch das gesamte menschliche Sein auf eine neue Basis stellen kann. Ohne die Gegenwart dieser Macht, die durch das Christentum in die Welt gekommen, aber erst in ihren Anfängen entwickelt ist, wären die schöpferischen Großtaten vieler christlicher Denker und Künstler, wäre aber auch der Lebenseinsatz der Märtyrer nicht möglich gewesen.[64]

*

Wir sahen, daß der Prolog des Johannes-Evangeliums wohl die drei vorirdischen Metamorphosen des Logos nennt, aber noch nicht eigentlich diejenige, die der Logos in seiner Erden-Inkarnation annimmt. Erst das Evangelium selbst schildert die allmähliche Entwicklung der Liebe, gewissermaßen in Fortsetzung des Prologs. Und mit der Aussage des Evangeliums über die zentrale Bedeutung der Liebe stimmen die Gedanken der größten christlichen Denker überein, wie wir hier an wenigen Beispielen sehen konnten.

Bevor wir uns mit der Entwicklung der Liebe innerhalb des Johannes-Evangeliums befassen, wenden wir uns einem anderen Teil der johanneischen Verkündigung zu, dem ersten *Brief des Johannes*, auch ihn im Hinblick auf seine Hauptmotive betrachtend. Gleich zu Beginn wird die Botschaft des Briefes unter das Thema »Gott ist Licht« gestellt, sogleich nach den einleitenden Sätzen:

»Und dies ist die Botschaft, die wir von ihm vernommen haben und euch wieder verkünden: Gott ist *Licht*, und Finsternis ist nicht in ihm.« (I. Joh. 1 5)

Den ersten Teil des Briefes beherrscht der Gegensatz Licht — Finsternis, bis in das zweite Kapitel hinein. Dort tritt ein anderes Gegensatzpaar auf, der Gegensatz von Tod und wahrem Leben, und als Thema für diesen mittleren Teil wird genannt:

»Dies ist die Verkündigung, die er uns verkündet hat: das ewige *Leben*« (2 25).

Im dritten Kapitel kommt als weiterer Gegensatz hinzu das Verhalten, das der Gerechtigkeit entspricht und zur Liebe führt, gegenüber dem Verhalten, das der Gerechtigkeit zuwiderläuft und zu Haß und Totschlag führt:
»Wer nicht im Sinne der Gerechtigkeit handelt, ist nicht aus Gott und liebt nicht seinen Bruder. Denn dies ist die Botschaft, die ihr von Anfang an vernommen habt: daß wir einander lieben sollen, nicht wie Kain, der aus dem Bösen war und seinen Bruder erschlug« (3 10 f.).
Dieses Thema gelangt im Laufe des vierten Kapitels zu seinem Höhepunkt durch die unausweichliche Feststellung: »Gott ist die *Liebe*« (4 8 und 16). Beim zweiten Mal tritt der einfache Satz in der Art eines Mantrams auf, das in seiner monumentalen Diktion an den Prolog des Evangeliums erinnert:
»Gott ist die Liebe, / und wer in der Liebe bleibt, / der bleibt in Gott / und Gott in ihm« (4 16).
Wichtig für unseren Zusammenhang ist, daß in diesem Brief die drei Themen Licht, Leben und Liebe eine bestimmende Stellung einnehmen, ähnlich wie in seinem Evangelium; und wichtig ist weiterhin, daß hier das Motiv der *Gerechtigkeit* in demselben Bereich anklingt, im Bereich der Liebe. Wir kommen damit zu einem ganz wesentlichen Gesichtspunkt: Die Liebe im johanneischen und christlichen Sinne ist nicht nur eine *Fortsetzung*, sondern zugleich eine *Zusammenfassung* der bisherigen Entwicklung. Die auf den bisherigen Entwicklungsstadien errungenen Fähigkeiten werden durch die Liebe zu einer neuen, höheren Einheit verbunden.[65]

*

Wenden wir uns nun dem Evangelium zu, so könnten wir erwarten, daß, da der Prolog das Thema Liebe nicht berührt, wenigstens der Text des Evangeliums selbst dieses Thema sogleich aufgreifen wird. Vor allem könnte man erwarten, daß die Ich-

Bin-Worte dieses Thema anschlagen werden. Denn nach dem oben angedeuteten Gedankengang muß die Liebe als eine die Seelenkräfte zusammenhaltende und harmonisierende Macht in innigster Verbindung mit dem *Ich* vorgestellt werden als dem eigentlichen Zentrum des Menschenwesens. Parallel zu dem Wort, das wir als einen Höhepunkt des ersten Johannesbriefes erkannten: »Gott ist die Liebe«, wäre durchaus für das Evangelium ein Wort denkbar: »Ich bin die Liebe.« Aber es kommt nicht vor. Nur die Themen *Leben* und *Licht* sind in den beiden ersten Ich-Bin-Sätzen enthalten: Ich bin das Brot des *Lebens* — Ich bin das *Licht* der Welt. So ist weder im Prolog noch in den Ich-Bin-Worten als der zentralen Selbstoffenbarung des Christus das dritte und wichtigste Thema der johanneischen Verkündigung zu finden. Der erste Abschnitt des Evangeliums berührt dieses Thema auch noch nicht. Im Gespräch mit Nikodemus klingt es erstmalig ganz verhalten an, wenn von der Liebe Gottes zur Welt gesprochen wird: »Also hat Gott die Welt geliebt...« (3 16). Doch bleibt es in den Abschnitten der ersten Evangelienhälfte bei einzelnen Erwähnungen. Erst von der Fußwaschung an wird es öfters gebraucht, um dann — mit Ausnahme des vorletzten Abschnittes — bis zum Schluß in immer neuen Abwandlungen das Hauptthema der zweiten Evangelienhälfte zu bilden.

Das Weinstock-Kapitel, als Mitte der zweiten Hälfte, nimmt eine Schlüsselstellung ein in Hinsicht auf das wichtigste Thema der johanneischen Verkündigung; hier erscheint das Thema »Liebe« in enger Verknüpfung mit dem Ausdruck »bleiben«:

»Ich bin der Weinstock, ihr seid die Ranken. Wer in mir bleibt und ich in ihm, der bringt reiche Frucht... Bleibet in meiner Liebe...« (15 5 und 10).

Durch das Wort »bleiben« kommt eine unmittelbare Verknüpfung zwischen dem Bildwort vom Weinstock und dem damit gemeinten Quell der Liebefähigkeit zum Ausdruck. Es ist hier, am End- und Höhepunkt der Ich-Bin-Worte, nur eine hauchdünne Wand zwischen Bildwort und Wesen, und es liegt nahe, versuchsweise das Wort »Weinstock« durch das Wort »Liebe« zu ersetzen. Im Hohepriesterlichen Gebet tritt zu dem Thema »lieben« das Wort »erkennen« hinzu. Damit wird eine weitere Stufe, eine neue Wesensseite der Agape erschlossen. Auch die Worte am Kreuz: »Siehe — dein Sohn« und »Siehe — deine Mutter« gehören zur Wesensschilderung der Agape, indem hier ein neues Verwandtschaftsverhältnis begründet wird, das nicht auf Vererbung und Blutskräften beruht. Und ihren Abschluß erhält die Wesensschilderung der Agape im letzten Kapitel, in der dreimaligen Frage an Petrus nach dem Vermögen seiner Liebe und im Hinweis auf das »Bleiben« des geliebten Jüngers bis zur Wiederkunft Christi; das Wort »bleiben« steht hier in einem ganz nahen Wesensbezug zur Agape, ähnlich wie im Weinstock-Kapitel. So tritt im Gang des Evangeliums das Thema »Liebe« in allmählicher Steigerung hervor. Entsprechend treten die anderen großen Themen zurück: das Thema »Leben« hat sein Zentrum im Speisungs-Kapitel; elf der insgesamt 36 Vorkommen dieses Wortes befinden sich hier (vgl. Aufstellung S. 92). Nach dem Lazarus-Kapitel erscheint es nur noch ganz selten. Aufgrund dieses Befundes und aus inhaltlichen Gründen kann das Thema »Leben« als das Hauptthema der ersten neun Abschnitte angesehen werden. Die sieben Zeichentaten entfalten das Thema »Leben« in Übereinstimmung mit dem Wort »glauben«: Im Vollzug des »Glaubens« wird der Logos in seiner vorirdischen Daseinsform als »Leben« innerlich erlebbar, Glauben ist das Verwirklichen einer vorirdischen Daseinsstufe des Logos im Erdenbereich. Anders ausgedrückt: *Glaube ist das Organ für den Logos in seiner Erscheinung als Leben.* — Das Thema »Licht« beherrscht die mittleren neun Abschnitte des Johannes-Evangeliums. Die Offenbarung des Logos als Licht meint die Bewußtseins-Erhellung, die im Sprechen Christi und hierin vor allem durch die Ich-Bin-Worte bewirkt wird. Wie wir bereits an der großen Licht-Ich-Rede des siebten Abschnittes bemerkten, gehören das »Ich« und das »Licht« wesensgemäß zueinander. Insofern der Logos Licht im letzten vorirdischen Daseinszustand war, kleidet er sich während seiner Erden-Inkarnation in die Wort-Offenbarung des »Ich-Bin«. Dies bedeutet zugleich: *Das Ich ist das Organ für die Wahrnehmung des Logos in seiner Erscheinung als »Licht«.* Wir hatten die Vorkommen des Ich-Bin vor allem um die Mitte gruppiert gefunden (vgl. Aufstellung S. 74); dasselbe trifft auch für das Thema »Licht« zu: 7 seiner 23 Vorkommen sind enthalten in den Abschnitten neun und zehn, die übrigen fast ausschließlich in den Abschnitten der ersten Evangelienhälfte.

Während die Themen »Licht« und »Leben« vor allem den ersten Teil des Evangeliums beherrschen, nur wenig in den zweiten Teil hineinreichend, verhält es sich mit dem Thema »Liebe« genau umgekehrt: Es klingt verhalten in der ersten Hälfte an, um sich dann in der zweiten Hälfte voll zu entfalten. Leben und Licht bilden die Grundlage für die unmittelbarste Wesensoffenbarung des Logos; in einer grandiosen Steigerung und Verdichtung führt das Evangelium hin zu der Hochebene, auf der die Liebe sich offenbart. Überzeugend macht dies der Wortbestand deutlich: Von den insgesamt 44 Vorkommen des Ausdruckes »lieben« bzw. »Liebe« finden sich allein 28 in den Abschnitten zwölf bis vierzehn, im Zentrum der zweiten Evangelienhälfte. Was erst nur eine Vermutung sein konnte, erweist sich als Gegebenheit, daß nämlich das Thema »Liebe« die gesuchte Ergänzung zu den beiden anderen großen Themen bildet: In der Liebe erreicht der Logos seine eigentliche irdische Erscheinungsform:

»Die Welt des Lichtes und Lebens kommt innerhalb dieser Erdenwelt zur Durchsetzung in der Form der Liebe.«[66]

Es bedeutet keinen Widerspruch, wenn wir nun weiter formulieren: *Die Liebe ist das Organ für die Erscheinungsform des Logos als Liebe.* Denn nur ein liebender Mensch kann einem liebenden Gott begegnen. Dem untätigen Herzen bleibt Gottes Liebe unerfahrbar.[67] So vervollständigt sich im Gang des ganzen Evangeliums die im Prolog noch angedeutet gebliebene Übereinstimmung mit der Lehre des ersten Johannesbriefes.

Übersicht:

Die Verteilung der drei Themen auf die einzelnen Abschnitte

	Leben	Licht	Liebe	lieben
	ζωή	φῶς	ἀγάπη	ἀγαπᾶν
Prolog	2	6	—	—
I	—	—	—	—
II	2	5	—	2
III	4	—	—	1
IV	7	1	1	—
V	11	—	—	—
VI	—	—	—	—
VII	1	2	—	1
VIII	2	1	—	1
IX	2	2	—	1
X	1	5	—	1
XI	1	1	—	3
XII	—	—	1	13
XIII	—	—	4	5
XIV	2	—	1	4
XV	1	—	—	1
XVI	—	—	—	—
XVII	—	—	—	4
insgesamt:	36	23	7	37
			44	

Die Aufstellung verdeutlicht die Themenverteilung vom Wortbestand her: Der Ausdruck »Leben« tritt vor allem in der ersten Evangelienhälfte auf, am häufigsten im fünften Abschnitt. »Liebe« zeigt eine besonders starke Zentrierung um die Mitte der zweiten Evangelienhälfte, und das Wort »Licht« erscheint am häufigsten in der Evangelienmitte.

8. Der Rhythmus der Agape-Vorkommen

Wie wir gesehen haben, ergibt sich aus verschiedenen Gründen eine Gliederung des Johannes-Evangeliums in siebzehn Abschnitte, worunter der neunte als der mittlere eine betonte Stellung einnimmt. Des weiteren haben wir gefunden, daß neun Abschnitte von den sieben Zeichentaten und ebenfalls neun Abschnitte von den sieben Ich-Bin-Worten beherrscht werden.

Auf die Neunzahl stoßen wir auch, wenn wir dem Wort Agape = Liebe im Johannes-Evangelium folgen. Insgesamt 44mal kommt dieses Wort als Substantiv oder als Verbum vor. Um den Rhythmus dieser Vorkommen zu erfassen, ist es erforderlich, diese 44 Stellen vorübergehend aus ihrem Zusammenhang zu lösen und sie zunächst in der Folge ihrer Sätze zu nehmen:

1. Gruppe	[3 16]	o	Also hat Gott die Welt geliebt
	3 19		Die Menschen liebten die Finsternis mehr als das Licht
	3 35		Der Vater liebt den Sohn
	5 42		Ich habe erkannt, daß ihr die Liebe zu Gott nicht habt
	8 42		Liebtet ihr mich
	10 17		Der Vater liebt mich
	11 5	o	Jesus *liebte* die Martha und deren Schwester und den Lazarus
	12 43		Sie (die Pharisäer) liebten die Ehre der Menschen mehr
	[13 1]		ER LIEBTE DIE SEINEN, BIS ZUM ENDE LIEBTE ER SIE

	Stelle		Text
	13 1		ER LIEBTE DIE SEINEN, BIS ZUM ENDE LIEBTE ER SIE
2. Gruppe	13 23		Es lag (saß) aber einer seiner Jünger an der Herzseite Jesu, den Jesus liebte
	13 34		Ein neues Gebot gebe ich euch: daß ihr einander liebet
	13 34	o	*Wie ich euch g e l i e b t habe, so sollt auch ihr einander lieben*
	13 35		Daran werden alle erkennen ... wenn ihr Liebe untereinander habt
	14 15		Wenn ihr mich liebt, werdet ihr meine Gebote halten
	14 21		Jener ist, der mich liebt
	14 21	o	WER MICH LIEBT, WIRD VON MEINEM VATER G E L I E B T WERDEN
3. Gruppe	14 21		Und ich werde ihn lieben und mich ihm zeigen (zur Erscheinung bringen)
	14 23		Wenn einer mich liebt, wird er mein Wort bewahren
	14 23		Mein Vater wird ihn lieben
	14 24		Wer mich nicht liebt
	14 28		Wenn ihr mich liebtet, würdet ihr euch freuen
	14 31		auf daß die Welt erkenne, daß ich den Vater liebe
	15 9	o	WIE MICH DER VATER G E L I E B T HAT, SO HABE ICH EUCH GELIEBT

Gruppe	Stelle		Text
4. Gruppe	[15 9]	o	WIE MICH DER VATER GELIEBT HAT, SO HABE ICH EUCH GELIEBT
	15 9		Bleibet in meiner Liebe
	15 10		Wenn ihr meine Gebote haltet, werdet ihr in meiner Liebe bleiben
	15 10		Wie ich bewahrt habe und bleibe in seiner Liebe
	[15 12]	o	*Dies ist mein Auftrag: daß ihr einander liebt, wie ich euch geliebt habe*
	15 13		Eine größere Liebe hat niemand
	15 17		Dieses trage ich euch auf: liebet einander
	[17 23]		AUF DASS DIE WELT ERKENNE, DASS DU MICH GESANDT HAST UND ICH SIE GELIEBT HABE, WIE DU MICH GELIEBT HAST
5. Gruppe	17 24		als du mich liebtest vor der Grundlegung der Welt
	17 26	o	*auf daß die Liebe, mit der du mich liebtest, in ihnen sei*
	19 26		den Jünger sah er stehen, *den er liebte*
	21 7		jener, *den Jesus liebte*
	21 15		Liebst du mich mehr als diese hier?
	21 16		Simon Jona, liebst du mich?
	[21 20]	o	Petrus sieht den Jünger, *den Jesus liebte*

Die 44 Vorkommen verteilen sich auf 37 Sätze, die zueinander in vollkommener Symmetrie stehen. Sieben dieser Sätze enthalten das Wort »Liebe« oder »lieben« *zwei*mal; wir nennen sie um

der leichteren Verständigung willen »Doppel-Sätze«. Sie verleihen den 44 Agape-Vorkommen eine regelmäßige Struktur. Vier von ihnen teilen die 44 Agape-Vorkommen in fünf Gruppen: vier mit je neun, die mittlere mit acht Agape-Stellen. Jeweils das letzte Agape-Vorkommen der vorangehenden und das erste der folgenden Gruppe findet sich in einem solchen Doppel-Satz, so daß die fünf Gruppen an ihren Nahtstellen — durch das Einmünden der vorigen und das Anfangen der nächsten Gruppe in demselben Satz — aufs engste miteinander verknüpft sind.

Die vier Sätze, welche die fünf Gruppen miteinander verbinden, heißen im Wortlaut:

13 1 Er liebte die Seinen, bis zum Ende liebte er sie
14 21 Wer mich liebt, wird von meinem Vater geliebt werden
15 9 Wie mich der Vater geliebt hat, so habe ich euch geliebt
17 23 Auf daß die Welt erkenne ... daß ich sie geliebt habe, wie du mich geliebt hast

Außer diesen vier »Naht-Sätzen« treten in der Mitte der zweiten und der vierten Gruppe noch weitere Doppel-Sätze auf. Sie entsprechen einander in einem strengen Chiasmus:

Wie ich euch geliebt habe, sollt ihr einander lieben (13,34)

Liebet einander, wie ich euch geliebt habe (15,12)

*

Nun haben wir nicht nur die Gruppierung der Agape-Vorkommen in der Folge 9 - 9 - 8 - 9 - 9, sondern auch einen Rhythmus, der jeweils sieben Agape-Vorkommen umfaßt. Hier bildet jeweils das siebente Agape-Vorkommen zugleich das erste der nächsten Gruppe. Wir kommen auf diese Weise zu sieben Gruppen, wobei allerdings zu berücksichtigen ist, daß die mittlere Gruppe einmal mehr das Wort Agape enthält als die übrigen. Da diese Ausnahme in der Mitte steht, wird die Symmetrie nicht gestört. (Die betreffenden End- bzw. Anfangsvorkommen dieses Siebener-Rhythmus sind in der Aufstellung S. 93 f. kursiv gesetzt.) Bemerkenswert ist, daß die oben genannten zwei chiastisch gegenüberstehenden Doppel-Sätze zu diesem Siebener-Rhythmus gehören als dessen zweite und fünfte Station. Weiterhin fällt auf, daß die zweite bis sechste dieser Siebener-Gruppen in einem Doppel-Satz enden – eine ähnliche Erscheinung wie bei den Gruppen des Neuner-Rhythmus (nur der erste und der letzte Satz beschränken sich auf ein Agape-Vorkommen). Sowohl durch ihren Inhalt als auch durch ihre in dem beschriebenen Siebener-Rhythmus bestimmte Stellung sind diese sieben Sätze stark hervorgehoben. Sie schildern die Entwicklung der Agape innerhalb der zweiten Evangelienhälfte in einer Art Stufenfolge:

1. *Jesus liebte* die Martha und deren Schwester und *den Lazarus.* 11 5
2. Wie ich euch geliebt habe, so sollt auch ihr einander lieben. 13 34
3. Wer mich liebt, wird von meinem Vater geliebt werden. 14 21
4. Wie mich der Vater geliebt hat, so habe ich euch geliebt. 15 9
5. Liebet einander, wie ich euch geliebt habe. 15 12
6. Auf daß die Liebe, mit der du mich liebtest, in ihnen sei. 17 26
7. Petrus sieht den Jünger, *den Jesus liebte,* nachfolgen. 21 20

Vor allem wichtig für das Verständnis dieser Stufenfolge ist, daß in ihr das Übergehen der göttlichen Liebe des Vaters auf die Menschen beschrieben wird. Der Kernsatz dieser Siebenheit spricht das Geheimnis des Mittleramtes Christi geradewegs aus:

»Wie mich der Vater geliebt hat, so habe ich euch geliebt« (15 9), noch stärker als der mittlere aller 37 Agape-Sätze überhaupt (»Mein Vater wird ihn lieben« 14 23) auf die neue Unmittelbarkeit des Menschen zu Gott hinweisend.
Auch die nahe Beziehung, die zwischen dem ersten und dem letzten der sieben Agape-Sätze besteht, sollte nicht übersehen werden; in ihnen werden die Namen derjenigen Menschen genannt, denen die Liebe Christi in hervorragender Weise gilt. Der erste Satz spricht von dem geliebten Lazarus und der letzte von dem geliebten Jünger:
»Jesus liebte Lazarus« (11 5) —
»Petrus sieht den Jünger, *den Jesus liebte,* nachfolgen« (21 20).
So deutet auch die Komposition der Agape-Sätze auf jenes Geheimnis hin, das mit dem Verfasser des vierten Evangeliums verbunden ist. Die Identität wird hierdurch nicht bewiesen, aber es ist unmißverständlich darauf hingedeutet, daß ein innerer Zusammenhang von Lazarus zu dem geliebten Jünger führt. Der aus dem Tod zu neuem Leben Erweckte ist innerlichst verwandt dem Jünger, der die Liebe verstand und sie unmittelbar entgegennahm von Dem, der ihn liebte (vgl. Anm. 22).

9. Die sieben Agape-Zentren: Werdestufen der Liebe

Bei genauerem Hinsehen zeigt sich, daß die sieben Agape-Stationen jeweils den Kern eines ganzen Agape-Umkreises bilden. Um die volle Bedeutung der oben beschriebenen Sätze zu erfassen, ist es nötig, ihre Umgebung einzubeziehen.

I. Bei der ersten Stelle ist darauf zu achten, daß die Umgebung des Satzes: »Jesus liebte Martha und ihre Schwester und den

Lazarus«, gesehen wird. Jesu Bekanntschaft mit dieser Familie bildet den Hintergrund für die im Evangelium erstmals auftretende und darum erstaunliche Beschreibung seiner engeren Beziehung zu einzelnen Menschen: »Jesus liebte«. Andern Wendungen (»wärest du hier gewesen« 11 21 und 32) ist zu entnehmen, daß er sich öfters in dem Hause aufhielt. An dieser Stelle klingt im Wortgebrauch des vierten Evangeliums bereits der feine Unterschied zwischen ἀγαπᾶν = »lieben« und φιλεῖν = »gern haben« an, der dann im Verlauf der letzten Agape-Station ein besonderes Gewicht erhalten wird. — Die Juden verstehen das Weinen Jesu als Ausdruck seiner seelischen Verbundenheit, seines Befreundetseins mit Lazarus, darum sagen sie: »Siehe, wie gern er ihn hatte« (ἐφίλει 11 36).[68] Der Evangelienschreiber aber weist auf eine tiefere Liebe, wenn er am Anfang äußerte: »Jesus liebte (ἠγάπα) die Martha und deren Schwester und den Lazarus« (11 5). Agape ist die Liebe von Ich zu Ich, die, über nur persönliche Neigung hinaus, in das Wesen des anderen dringt und es von innen her erkennt.[69] Die Beziehung der Agape zum »Ich« wird uns noch zu beschäftigen haben. Hier soll uns lediglich bewußt sein, daß der Satz »Jesus liebte ...« nicht isoliert zu nehmen ist; die Erwekkung des Lazarus ist eine Konsequenz aus der nahen Wesens-Verwandtschaft zwischen Lazarus und Jesus. Von daher gesehen ist es kein Zufall, daß erst in der Mitte des Evangeliums von der Liebe Jesu zu bestimmten Menschen gesprochen wird: Mit der siebten und letzten Zeichentat setzt zugleich die Offenbarung der Agape ein.

II. Die Fußwaschung bildet die Umgebung für das zweite Agape-Zentrum. Die Schilderung hebt mit ähnlichen Worten an wie die Lazarusgeschichte: »Er liebte die Seinen, die in der Welt, bis zum Ende liebte er sie« (13 1). Der nachfolgende Abschnitt erläutert, was mit der Symbolhandlung des

Fußwaschens geschehen ist: Ein Erkennungszeichen ist gegeben, an dem die Jünger erkannt werden:

»Ein neues Gebot gebe ich euch: daß ihr einander liebet. So wie ich euch geliebt habe, so sollt auch ihr einander lieben. Daran werden alle erkennen, daß ihr meine Jünger seid, wenn ihr Liebe zueinander habt« (13 34 f.).

Inhaltlich führt das zweite Zentrum das Thema des ersten Agape-Zentrums weiter: Die Liebe soll übergehen auf das Verhältnis der Jünger zueinander.

III. Zum dritten Agape-Zentrum gehört eine Siebenheit von Agape-Vorkommen, die sich hier ganz besonders eng zusammendrängen und nur von der Frage des Judas Thaddäus unterbrochen sind:

»Wer meine Gebote hält, jener ist, der mich *liebt*. Wer aber mich *liebt*, wird von meinem Vater g*eliebt* werden, und auch ich werde ihn *lieben* und mich ihm zur Erscheinung bringen... Wenn einer mich *liebt*, wird er mein Wort bewahren, und mein Vater wird ihn *lieben*, und wir werden zu ihm kommen und bei ihm eine Wohnstatt haben. Wer mich nicht *liebt*, der kann auch meine Worte nicht bewahren ...« (14 21–24).

Das Kennzeichen dieses Zentrums ist, daß hier vom Vater gesprochen wird. Abgesehen von der allgemeinen Erwähnung der Liebe Gottes zur Welt im Gespräch mit Nikodemus wird hier zum ersten Male beschrieben, daß die bisher nicht vorhandene Liebe zwischen dem Vater und den Menschen entstehen wird. Es ist die Liebe der Jünger zu dem Sohn, die als Echo die Liebe des Vaters zu den Jüngern hervorruft. Eine neue Dimension im Verhältnis zwischen Gottheit und Menschheit wird erreicht. Zur Horizontalen der Menschenliebe tritt die Vertikale der Gottesliebe.

IV. Das vierte Agape-Zentrum greift das Motiv des Bleibens auf, das in dem Substantiv »Wohnstatt« (wörtlich »Bleibe«) des vorhergehenden Zentrums bereits anklang. Eine neue

Werdestufe der Liebe wird erreicht: Sie soll nicht nur äußeres Erkennungsmerkmal sein und nicht etwas Einmaliges, in besonders begnadetem Augenblick Errungenes, sondern etwas Bleibendes, Fundament einer neuen Lebensweise. Fünfmal begegnet uns hier das Wort Agape, davon aber dreimal als Substantiv. Das dreimalige Vorkommen des Ausdruckes »bleiben« gibt diesem Agape-Zentrum seinen unverwechselbaren Stellenwert:

»Wie mich der Vater *geliebt* hat, so habe ich euch *geliebt. Bleibet* in meiner *Liebe.* Wenn ihr meine Gebote haltet, werdet ihr in meiner *Liebe bleiben,* so wie ich die Gebote meines Vaters bewahrt habe und *bleibe* in seiner *Liebe*« (15 9 und 10).

Am Beispiel Christi wird die Wirkung der väterlichen Liebe erlebbar: Sie äußert sich in der verläßlichen Dauer, die in allen Schicksalslagen Sicherheit gewährt. Die Liebe zu dem Christus vermittelt solche Geborgenheit, als ein Kraftquell, der das Verhalten neu impulsiert.

V. Den Auftrag, die Agape im Handeln zu bewähren, differenzieren die übrigen drei Zentren; zunächst das fünfte, das im gleichen Kapitel unmittelbar dem vierten Agape-Zentrum folgt:

»Dies ist mein Auftrag, daß ihr einander *liebt,* wie ich euch *geliebt* habe. Eine größere *Liebe* hat niemand, als sein Leben hinzugeben für seine *Freunde.* Ihr seid meine *Freunde* . . . — Nicht mehr nenne ich euch Knechte . . . Ich habe zu euch gesagt: *Freunde* . . .« (15 12-15). »Dieses trage ich euch auf: *liebet* einander« (15 17).

Als neues Motiv taucht das Wort »Freund« auf, durch dreimalige Nennung betont. Dieser Ausdruck steht in naher Beziehung zu dem Begriff der Agape. Grammatisch ist φίλος (Freund) zwar nur ein Substantiv zu dem bereits erwähnten φιλεῖν »gern haben«. Doch hier bekommt dieses Wort einen neuen Klang, da ist φίλος der von der Agape berührte Mensch. Bereits in der Lazarus-Geschichte hat das Wort einen besonderen Klang, wenn Jesus sagt: »Lazarus unser *Freund* schläft« (11 11); denn von demselben Lazarus hatte es vorher geheißen, daß Jesus ihm sein Agape zugewandt habe. Ein »Freund« ist in diesem Sinne ein Mensch, der die Stufe des Bleibens in der Agape erreicht hat und nun würdig ist, die tieferen Seinsgeheimnisse zu erfahren.

VI. Das sechste Agape-Zentrum, am Ende des Hohepriesterlichen Gebetes, erhält seine besondere Färbung durch das viermalige Vorkommen des Wortes »erkennen«, das am Schluß durch das zweimalige »zu erkennen geben« noch in seinem Wert erhöht wird:
»Auf daß die Welt *erkenne*, daß Du mich gesandt hast und ich sie *geliebt* habe, wie Du mich *geliebt* hast. Vater, ich will, daß sie, die Du mir gegeben hast, bei mir seien, damit sie schauen Deine Offenbarung, die Du mir gegeben hast, als Du mich *liebtest* vor Grundlegung der Welt. Gerechter Vater, die Welt hat Dich nicht *erkannt*, ich aber *erkannte* Dich, und diese hier haben *erkannt*, daß Du mich gesandt hast; ich habe ihnen Deinen Namen zu *erkennen gegeben* und werde künftig *zu erkennen geben*, auf daß die *Liebe*, mit der Du mich *liebtest*, in ihnen sei und ich in ihnen« (17 23-26).
Das Merkmal der Agape auf dieser vorletzten Stufe ist die Erkenntnis — nicht irgendeine, sondern die bestimmte Erkenntnis: Inhalt der Sendung des Sohnes ist das Bringen der Agape.[70] Die Wesenssubstanz der Agape, die in der Einswerdung der Jünger mit Christus ihr Ziel hat, kommt an keiner Stelle des Evangeliums so deutlich zur Darstellung wie hier. Die Liebe Christi, die zugleich die Liebe des Vaters ist, begleitet die Jünger bei ihrem apostolischen Auftrag in der Welt, und diese Liebe ist zugleich die Einwohnung des Christuswesens in den Jüngern.

»Erkenntnis« geht hier über das gedankliche Erfassen eines Zusammenhanges weit hinaus. Gemeint ist offenbar nicht ein Bewußtseins-, sondern ein Seins-Vorgang: Erkenntnis als die Gewißheit von der Seinswirklichkeit des Geistes, als das Geschenk der Feuertaufe, das Überspringen des Funkens, der das Menschliche mit dem Göttlichen vereint. Auf dieser Stufe wird die Erkenntnis in ihrer ursprünglichen, geistigen Seinsbedeutung wiedergeboren. Das Wort »erkennen«, das einst den leiblichen Vorgang der Befruchtung bezeichnet hatte (»Adam erkannte sein Weib, und sie gebar ...« Gen. 4 1), ist hier der Ausdruck für die unmittelbare Beziehung des Menschen zu Gott. An die Stelle der leiblichen Zeugung tritt das Ereignis der Über-Zeugung, das Durchdrungensein von der göttlichen Kraft des Heiligen Geistes. Die Liebe zwischen Gott und Mensch wird sich auf dieser Stufe ihrer selbst bewußt.

VII. Das siebte Agape-Zentrum am Ende des Evangeliums bringt die letzten Erwähnungen der Agape, in Zusammenhang mit Schicksalshinweisen für die Zukunft zweier Jünger. Insgesamt viermal erklingt hier das Wort Agape: Das erste und das letzte betreffen den Jünger, »den Jesus liebte« (21 7 und 20), die beiden mittleren sind in den Fragen an Petrus enthalten: »Liebst du mich mehr als diese hier? ... Liebst du mich?« (21 15 und 16). Doch Petrus greift in seinen Antworten das ihm so eindringlich dargebotene Agape-Wort nicht auf. Die dritte Frage, die Christus scheinbar im gleichen Sinne wie die vorhergehenden an Petrus richtet, enthält das Wort Agape nicht mehr. Sie lautet vorsichtiger: »Hast du mich gern?« (21 17). Eine leise Resignation ist darin verborgen, etwa in dem Sinne: Noch konntest du nicht bis zur Agape vordringen; wirst du dann wenigstens durchhalten mit deiner menschlichen Zuneigung? Petrus antwortet auch das dritte Mal mit dem Bekenntnis des Gernhabens (φιλῶ).

Doch die Frage Christi nach der Agape tönt weiter; über das Ende des Evangeliums hinaus fragt seine Sehnsucht nach dem vollen Echo auf sein Liebesangebot an die Menschheit, klingt weiter durch die Jahrtausende des Christentums. Die schlichte Frage: »Hast du mich lieb?«, birgt das tiefste Werdegeheimnis der Erdenwelt. In ihr faßt sich wie in einen Brennpunkt das göttliche Wagnis der Schöpfung zusammen. In ihr liegt einerseits die *Ungewißheit* der Gottheit, ob ihre Geschöpfe den Sinn des Werdens erfassen und den Fortgang der Entwicklung bewirken werden (denn Schöpfung und Entwicklung sind keine Gegensätze, sie bedingen einander). In ihr spricht sich aber auch das *Vertrauen* der Gottheit aus, daß der Mensch einmal erwachen wird zu der »völligen Liebe, die alle Furcht austreibt« (I. Joh. 4 18) — auch die Furcht vor der Macht des Bösen, die scheinbar im Zunehmen begriffen ist —, um endlich ein »Mitarbeiter Gottes« (I. Kor. 3 9) am Fortgang der Schöpfung zu werden.

Das Unvermögen des Petrus, auf die Frage nach der Liebe zu Christus ein uneingeschränktes Ja zu finden, scheint diesen Fortgang, soweit es ihn nicht ganz in Frage stellt, zumindest erheblich zu beeinträchtigen. Aber Petrus steht nicht allein in der Verantwortung. Hinter ihm steht ein anderer, schweigend und darum scheinbar unbeteiligt an diesem weltgeschichtlichen Gespräch. Und der Brückenbogen der Agape, der in der Frage Christi von der einen Seite her sich schon wölbt, findet in dem schweigenden anderen Jünger den Gegenpfeiler. Allein auf dem inneren Einverständnis mit dem, »den Jesus liebte«, lastet für einen Augenblick der Weltgeschichte das ganze Gewicht der göttlichen Verantwortung für den Fortgang: ob zu Leben und Licht das Element der Liebe geboren werden wird. Auf diesem Bogen ruht die Zukunft der Menschheit — über diese Brücke wird in Zukunft fließen, was zwischen Christus und dem geliebten Jünger begonnen hat zu strömen.

Seltsamerweise wird nie ausgesprochen, daß der geliebte Jünger den Herrn liebte; an allen vier Stellen heißt es: *»den* Jesus liebte«. Dennoch liegt über dem Verhältnis Christi zu Johannes unausgesprochen der Abglanz einer wechselseitigen Liebe. Das Vorhandensein seines Evangeliums selbst darf als ein Beweis dafür angesehen werden, daß der geliebte Jünger die Liebe zu erwidern vermochte — nicht bloß in Form des persönlichen Gernhabens wie Petrus, sondern als von Wesen zu Wesen dringende Agape. Johannes konnte das Wesentliche der Erdenwirksamkeit Christi darstellen, weil er das Wesen Christi in der Agape und durch die Agape erkannt hatte. Darum kann Christus am Ende von ihm sagen, daß er »bleiben« werde. Gemäß der Aussage des vierten Agape-Zentrums, dessen Merkmal das »Bleiben« war, kann auch hier das Wort »bleiben« nur in seiner inneren Beziehung zur Agape verstanden werden: Johannes wird »bleiben« bis zur Wiederkunft Christi, weil er in der Agape mit dem Herrn verbunden ist und bleibt.
Man hat Petrus und seinen Nachfolgern auf dem römischen Bischofsstuhl die Bezeichnung »Stellvertreter Christi auf Erden« beigelegt — zu Unrecht, wenn man dem Wortlaut des letzten Johannes-Kapitels folgt. Wenn Christus einen »Stellvertreter« gewählt hat, dann ist es nicht Petrus, sondern der geliebte Jünger. Denn nur von diesem heißt es, daß er bleiben solle bis zum neuen Kommen Christi. Der Ausdruck »bleiben« steht dem Begriff der Stellvertretung unleugbar näher als die Aufforderung zur Nachfolge, die an Petrus ergeht; und diese Aufforderung zur Nachfolge ist auch nicht allein an Petrus gerichtet worden, sondern früher schon an die Jünger im allgemeinen (vgl. Mk. 9 38 und öfter). Wohl wird Petrus mit dem Hirtenamt ausgerüstet durch das dreimalige: »Weide meine Schafe«, das die Außenseite der Kirchengründung und -ordnung, die Einrichtung des Kultus (»weiden« im Sinne des: »Lasset die Menschen sich lagern«

Joh. 6 10) betrifft. Doch der Repräsentant der inneren Beziehung zu Christus, des liebenden Verstehens und Erkennens ist und bleibt der andere Jünger. So ist im Sinne des vierten Evangeliums der geliebte Jünger der eigentliche Treuhänder der Christus-Gesinnung, das Genie des esoterischen Christentums. In ihm erlangte die göttliche Liebe zum erstenmal ihr Ziel: vom Menschen aufgenommen zu werden. Diesem Ziel nahezukommen, die Agape als Wesenseinigung zu verwirklichen, ist die Werde-Aufgabe des Christentums im johanneischen Sinne. Wo solches johanneisches Christentum geübt wird, da wächst Hoffnung auf Übereinstimmung zwischen innerem Verständnis für die göttlichen Ziele und äußerer Religions-Praxis. Johannes, der geliebte Jünger, ist der Schutzgeist für die Pflege einer Gesinnung, welche die oft schmerzlich empfundene Kluft zwischen »christlichem« Denken und Verhalten überwindet; denn Johannes ist der wahre Stellvertreter Christi auf Erden.

*

Wie bei den sieben Zeichentaten und den sieben Ich-Bin-Sätzen, so ergibt sich auch durch das Auftreten der sieben Agape-Sätze ein charakteristischer

Rhythmus der Agape-Zentren:

Abschnitt

IX	1. Agape als Fundament der Geistgemeinschaft: »Jesus liebte die Martha und deren Schwester und den Lazarus« (11 5).
X	—
XI	—
XII	2. Agape als Erkennungsmerkmal: »Wie ich euch geliebt habe, so sollt auch ihr einander lieben« (13 34).

3. Agape als Zugang zum Vater:
»Wer mich liebt, wird von meinem Vater geliebt werden« (14 21).

XIII 4. Agape als Bleiben beim Vater:
»Wie mich der Vater geliebt hat, so habe ich euch geliebt; bleibet in meiner Liebe« (15 9).

5. Agape als Todes-Durchgangs-Kraft:
»Liebet einander, wie ich euch geliebt habe. Eine größere Liebe hat niemand, als sein Leben hinzugeben für seine Freunde« (15 12).

XIV 6. Agape als Gottes-Erkenntnis:
»Auf daß die Liebe, mit der Du mich liebtest, in ihnen sei« (17 23).

XV —

XVI —

XVII 7. Agape als Lebens-Wegzehrung:
»Petrus sieht den Jünger, den Jesus liebte, nachfolgen« (21 20).

In diesem Rhythmus von der Mitte bis zum Ende des Evangeliums macht sich eine Verschiebung geltend. Hier sind es nicht drei, sondern *vier* Abschnitte, die von einem Agape-Zentrum frei bleiben, da zwei Abschnitte je zwei Agape-Zentren enthalten. Die vier Abschnitte bilden »Doppel-Pausen« nach dem ersten und vor dem letzten Abschnitt dieses Rhythmus. Durch das genaue Gegenüber der Pausen entsteht eine symmetrische Figur. So erscheint dieser dritte Rhythmus stärker ausgewogen.

Wie die sieben Zeichentaten die ersten neun und die sieben Ich-Bin-Sätze die mittleren neun, so beherrschen die sieben Agape-Zentren die letzten neun Abschnitte. Jeweils der mittlere dieser neun Abschnitte ist auf *dreifache* Weise betont: Enthält der fünfte Abschnitt — als Mitte des ersten Rhythmus — zwei Zeichentaten und ein Ich-Bin-Wort, der dreizehnte Abschnitt — als Mitte des letzten Rhythmus — zwei Agape-Zentren und ein Ich-Bin-

Wort, so vereinigt der neunte Abschnitt als Mitte des zweiten Rhythmus in sich eine Zeichentat, ein Ich-Bin-Wort und ein Agape-Zentrum. Das Lazarus-Kapitel, als Zentrum des ganzen Evangeliums, zeichnet sich vor den übrigen Abschnitten des Evangeliums dadurch aus, daß es von allen drei Siebenheiten einen Bestandteil enthält.

Wir können nun folgendes Bild von der rhythmischen Struktur des Johannes-Evangeliums gewinnen:

Die drei großen Rhythmen innerhalb der 17 Abschnitte

Prolog	(1 1 -18)		
I	(1 19- 2 11)	1. Hochzeit zu Kana	
II	(2 12- 3 21)	—	
III	(3 22- 4 54)	2. Heilung des Knaben	
IV	(5 1 - 5 47)	3. Heilung des Gelähmten	
V	(6 1 - 6 71)	4. Speisung der Fünftausend 5. Wandeln auf dem Meer	Ich bin das Brot des Lebens
VI	(7 1 - 7 52)	—	—
VII	(7 53- 8 59)	—	Ich bin das Licht der Welt
VIII	(9 1 -10 39)	6. Heilung des Blinden	Ich bin die Tür / Ich bin der rechte Hirte

IX	(10_{40}-11_{53})	1) Liebe als Fundament der Geist-Gemeinschaft 7. Auferweckung des Lazarus	Ich bin die Auferstehung und das Leben
X	(11_{54}-12_{36a})	—	—
XI	(12_{36b}-13_{30})	—	—
XII	(13_{31}-14_{31a})	2) Liebe als Erkennungsmerkmal 3) Liebe als Zugang zum Vater	Ich bin der Weg, die Wahrheit, das Leben
XIII	(14_{31b}-16_{33})	4) Liebe als Bleiben beim Vater 5) Liebe als Todes-Durchgangs-Kraft	Ich bin der wahre Weinstock
XIV	(17_{1} -17_{26})	6) Liebe als Gottes-Erkenntnis	
XV	(18_{1} -19_{37})	—	
XVI	(19_{38}-20_{31})	—	
XVII	(21_{1} -21_{23})	7) Liebe als Lebens-Wegzehrung	

IV. Das Johannes-Evangelium als Ganzheit

10. Die Verschränkung der Agape-Zentren mit den Ich-Bin-Worten

Weiter oben konnten wir Einblick nehmen in die eigenartige Kreuz-Verbindung der sieben Zeichen und der sieben Ich-Bin-Worte. In entsprechender Weise sind die sieben Ich-Bin-Worte mit den sieben Agape-Themen verknüpft, die wir im Laufe unserer Untersuchung gefunden haben.

I. Eine erste Beziehung ergibt sich zwischen dem ersten Agape-Zentrum und dem letzten Ich-Bin-Wort:

»Jesus liebte die Martha und deren Schwester und den Lazarus« (11 5).	»Ich bin der wahre Weinstock.«

Die Verbundenheit zwischen Jesus und den drei Geschwistern von Bethanien erscheint wie eine Verwirklichung des Bildwortes vom Weinstock und den Reben. Aus der Freundschaft ist eine nahe geistige Verbindung gewachsen, die nicht mehr vergehen kann; ihre Kraft bewährt sich in der Wiedererweckung des scheinbar dem Tode verfallenen Freundes. So zeigt sich die Liebe auf ihrer ersten Stufe als tragendes Fundament der Geist-Gemeinschaft.

II. Die nächste Beziehung schließt das zweite Agape-Zentrum mit dem vorletzten Ich-Bin-Wort zusammen:

»Wie ich euch geliebt habe, so sollt auch ihr einander lieben« (13 34).	»Ich bin der Weg, die Wahrheit und das Leben.«

Der Weg zur Gemeinschaft geht durch die Nachfolge, im engeren Sinne durch das Befolgen des Beispieles, das Jesus in der Bildhandlung der Fußwaschung gegeben hat. Am Vorbild der Jünger werden die übrigen Menschen die *Wahrheit* der Agape und ihre *leben*schaffende Kraft erkennen: Agape führt zum Erleben der Wahrheit, am Verhalten der Jünger werden die übrigen Menschen aufwachen. So weist auf dieser Stufe die Liebe hin auf eine verborgene Wahrheit, ein Erkennungszeichen für die Außenstehenden.

III. Eine dritte Beziehung ist zu sehen zwischen dem dritten Agape-Zentrum und dem drittletzten Ich-Bin-Wort:

»Wer mich liebt, wird von meinem Vater geliebt werden ... und mein Vater wird ihn lieben, und wir werden zu ihm kommen und bei ihm bleiben« (14 21-23).	»Ich bin die Auferstehung und das Leben.«

Das »Kommen« des Vaters und des Sohnes zu dem, der die Liebe zu Gott gefunden hat, ist dem Auferwecktwerden zu einem höheren Leben vergleichbar. In der Agape zwischen Gott und Mensch verwirklichen sich die überzeitlichen Kräfte, die vor dem Seelentod bewahren (dem »zweiten Tod« — Apokal. 2 11). Die Zusage Christi, daß er sich dem Liebenden zur Erscheinung bringen werde (Joh. 14 21), deutet in die Richtung der Auferstehung eines höheren Wesens im Menschen; der »Christus in uns« erschließt uns den unmittelbaren Zugang zum Vater.

IV. Eine weitere Beziehung verbindet das mittlere Agape-Zentrum mit dem mittleren Ich-Bin-Wort:

»Wie mich der Vater geliebt hat, so habe ich euch geliebt — bleibet in meiner Liebe« (15 9).	»Ich bin der rechte Hirte.«

Das Wort vom rechten Hirten als mittleres Ich-Bin-Wort begegnet dem zentralen Agape-Thema »bleiben«. Der Hirt ist das Urbild der Treue, Inbegriff des Ausharrens bei den Schafen, besonders in Augenblicken der Gefahr. Das »väterliche Vorangehen« gewinnt in der Gestalt des rechten Hirten eine neue, menschennahe Bedeutung. Die vierte Agape-Stelle kann als bildlose Aussage dessen angesehen werden, was das Bildwort vom rechten Hirten meint: So wie der Vater seinen Geschöpfen vorangeht, geht der rechte Hirte den Jüngern voran und schafft ihnen Nahrung für ihre Seelen. Im rechten Hirten wird Gott für die Menschenseele menschlich erreichbar; das Bildwort vom Hirten ist das einzige aus dem Menschenbereich unter den sieben Ich-Bin-Bildern; die anderen sechs Vergleichswörter entstammen dem außermenschlichen Bereich — wenn auch »Tür« und »Weg« indirekt nur im Menschenbereich vorstellbar sind.

V. Das fünfte Agape-Zentrum korrespondiert mit dem dritten Ich-Bin-Wort:

»Liebet einander, wie ich euch geliebt habe. Eine größere Liebe hat niemand, als sein Leben hinzugeben für seine Freunde« (15 12 und 13).	»Ich bin die Tür.«

Die Lebenshingabe um eines anderen Menschen willen ist die Krönung der Liebe. Man spricht statt vom Sterben auch vom Durchschreiten der »Todespforte«. Das Durchdrungensein von der Agape nimmt der Todespforte ihre Düsternis; das Opfer der Hingabe bis zum Letzten führt zur Christusbegegnung. Der Durchgang durch die enge Pforte wird zum Erlebnis der Christus-Weite. Das Wort »Ich bin die Tür« läßt auf dieser Stufe die Agape als die Kraft erscheinen, die durch die Todespforte leitet. Umgekehrt läßt die Beziehung zum Weinstock-Kapitel das Wort: »Ich bin die Tür« als ein Trostwort für den Todesaugenblick verstehen.

VI. Weiterhin besteht ein Sinnzusammenhang zwischen dem sechsten Agape-Zentrum und dem zweiten Ich-Bin-Wort:

»Auf daß die Welt erkenne, daß ... ich sie geliebt habe, wie Du mich geliebt hast. Ich erkannte Dich, und diese hier haben erkannt, daß Du mich gesandt hast; ... auf daß die Liebe ... in ihnen sei ... (17 23-26).

»Ich bin das Licht der Welt.«

Zu den wichtigsten Gütern, die ein Mensch gewinnen kann, gehört die Erkenntnis, daß Gott ein Interesse an der Welt hat, daß ihm seine Schöpfung nicht gleichgültig ist. Der Vermittler dieser Erkenntnis ist Christus; er hat den Willen des Vaters innerlich erkannt, und dies erfüllt seine Seele mit Licht, mit »Licht vom unerschaffenen Licht«. Im Hohepriesterlichen Gebet erfleht seine betende Sehnsucht das Aufgehen dieses Erkenntnislichtes in der Menschheit: »Auf daß die Welt erkenne, daß Du mich gesandt hast« (17 23). Die Gewähr für diesen Sonnenaufgang über der Menschheit liegt in der Tatsache, daß in den Jüngern bereits die Erkenntnis da ist und der Christus ihnen dadurch das höchste Geheimnis seiner Mission offenbaren kann: den Übergang der Liebe vom Vater auf die Jünger als Wesensmitteilung des Sohnes: »Auf daß die Liebe, mit der Du mich liebtest, in ihnen sei und ich in ihnen« (17 26).

VII. Und schließlich ist die Brücke zu schlagen zwischen dem letzten Agape-Zentrum und dem ersten Ich-Bin-Wort:

»Simon, Sohn des Johannes: liebst du mich mehr als diese hier?« ... Petrus sieht den Jünger, den Jesus liebte, nachfolgen« (21 15 und 20).

»Ich bin das Brot des Lebens.«

Zwischen den beiden hier zitierten Sätzen des Schlußkapitels spricht der Auferstandene zu Petrus: »Da du jünger warst, hast du dich selber gegürtet und bist gegangen, wohin du wolltest. Wenn du aber älter wirst, wirst du deine Hände ausstrecken, und ein anderer wird dich gürten und dahin führen, wohin du nicht willst« (21 18). In diesen Worten liegt eine ganze Lebensvoraussage, eine Wegzehrung für Petrus. Die Erfüllung der Vorhersage wird sein so stark in sich gebundenes Wesen freimachen und in das Wesen des ihm vorangegangenen Herrn eintauchen lassen; im Tod wird Petrus zu der vollen Liebe erwachen, die er jetzt noch nicht finden kann. — Zu dieser inneren Beziehung zwischen dem ersten Ich-Bin-Wort und der letzten Agape-Stelle kommt eine äußere Ähnlichkeit: Das Wort vom Brot des Lebens ist unter den sieben Ich-Bin-Worten das einzige, das in *Galiläa* gesprochen wird; die anderen sechs erklingen in Judäa. Ebenso ist nur die letzte unter den sieben Agape-Stellen vom Schreiber des Johannes-Evangeliums als ein galiläisches Ereignis, am See von Genezareth, beschrieben worden. Ähnlich, wie das Ich-Bin-Wort vom Brot des Lebens *nach der Speisung der Fünftausend* erklingt, so schließt sich hier das Gespräch mit Petrus *an das Mahl* an, das der Auferstandene in der Morgenstunde feiert — mit dem Unterschied, daß bei der Speisung der Fünftausend das *Brot* im Vordergrund der Schilderung steht und bei dem Frühmahl nach dem Fischfang die *Fische*.[71]

Die Beziehung der Ich-Bin-Worte zu den Agape-Zentren verstärkt den Eindruck, daß die letzteren eine Stufenfolge bilden — ähnlich wie wir in den Zeichentaten sieben Entwicklungsstufen der Glaubenskraft finden konnten. Zugleich erweisen sich hierdurch die drei großen Siebenheiten eben nicht als lose nebeneinander stehend, sondern als innig miteinander verflochten. Der ähnlich verlaufende Rhythmus der drei Siebenheiten und ihre enge Verknüpfung kann als Bestätigung dafür angesehen werden, daß das Johannes-Evangelium in seiner literarischen Überlieferung bis heute im wesentlichen seine ursprüngliche Form behalten hat. Umstellungen einzelner Kapitel, wie sie zuletzt von R. Bultmann (1952), K. A. Eckhardt (1961) und Ed. Schweizer (1965) vorgeschlagen wurden, sind unnötig; sie entsprechen nicht der in sich konsequenten Komposition des ganzen Evangeliums.

Die Verschränkung der drei großen Siebenheiten miteinander ergibt ein vollkommen harmonisches Bild von der inneren Struktur des Johannes-Evangeliums:

Die Verschränkung der drei großen Rhythmen

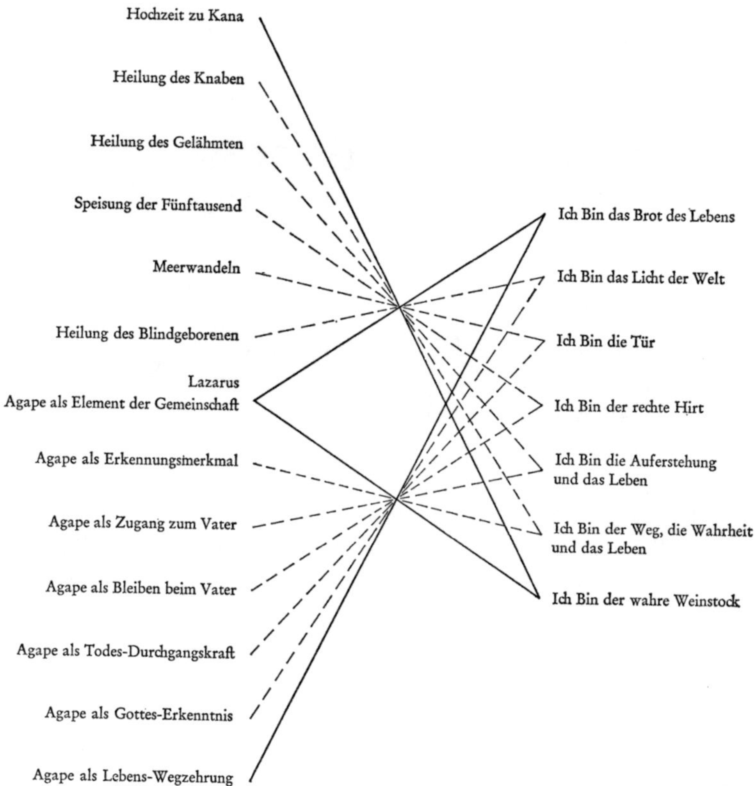

11. Der trinitarische Hintergrund der drei großen Rhythmen

Bisher haben wir den Blick auf die Entwicklungen gelenkt, die den Siebenheiten selbst innewohnen. Die nächste Frage lautet nun: Lassen sie in ihrer Dreiheit eine übergeordnete Idee als gestaltendes Prinzip erkennen? Schon bei Betrachtung der neun Themen zu Beginn unserer Untersuchung stießen wir auf trinitarische Ordnungen.

Die Siebenheiten der Zeichentaten, der Ich-Bin-Worte und der Agape-Zentren sind drei verschiedene Ausdrucksweisen des Christus. Wir können auf sie eine Benennung anwenden, die zuerst FRIEDRICH RITTELMEYER gebraucht hat: die Dreiheit Werk, Wort und Wesen.[72]

So gesehen sind

die sieben Zeichentaten: die Werk-Offenbarung Christi
die sieben Ich-Bin-Worte: die Wort-Offenbarung Christi
die sieben Agape-Zentren: die Wesens-Offenbarung Christi.

Erst diese Dreiheit ergibt die ganze Fülle der Christus-Offenbarung im johanneischen Sinne. Daraus folgt: wo Christus nur einseitig verstanden wird als Wundertäter, als Magier und König, da besteht die Gefahr der einseitigen Ausprägung der christlichen Religion nach dem Prinzip der Macht. Wo Christus nur als Menschheitslehrer und Prediger des Gottesreiches gesehen wird, wo seine Wort-Offenbarung in den Vordergrund gerückt wird, da lauert die Gefahr der einseitigen Ausbildung eines bloßen Lehr-Christentums, da wird die Fülle der christlichen Religion verkürzt zu einer theoretischen Weltanschauung. Und eine dritte häretische Abweichung von dem vollen Christusverständnis droht dort, wo allein die Liebe als reine Innerlichkeit gepflegt wird ohne die ordnenden Grundlagen von gläubigem Verhalten und ichhaftem Wortbekenntnis.

Dreifach ist die Offenbarung Christi in Werk, Wort und Wesen. Wenn Christus von Johannes als Logos, als Weltenwort, bezeichnet wird — sein Evangelium ist darum auch das »Logos-Evangelium« genannt worden —, so kommt darin zum Ausdruck, daß dieser Logos der zweiten Form seiner Offenbarung, dem *Wort,* besonders nahesteht. Aber Logos ist nicht dem Menschenwort gleichzusetzen. Als Weltenoffenbarung des göttlichen Vatergrundes umfaßt er zugleich die anderen Offenbarungsformen, als *Werk:* denn der Logos ist die Schöpfungstat, durch die der Vatergrund die Welt ins Leben rief, und auch als *Wesen:* denn er vermag durch den Heiligen Geist dem Menschen einzuwohnen und sich wesenhaft mitzuteilen, sich ihm verständlich zu machen durch innerlich hörbare Worte. In unserem Jahrhundert, da wir mit dem Wieder-Erscheinen Christi stärker rechnen dürfen, ist auf diese Möglichkeit der unmittelbaren Kommunikation ganz besonders hinzuweisen.[73]

Die Werk-Offenbarung: das ist die Logos-Offenbarung
als *Leben,* als tätige Ausprägung der schaffenden Gott-Natur.
Die Wort-Offenbarung: das ist die Logos-Offenbarung
als *Licht,* als Erhellung der menschlichen Innerlichkeit mit göttlicher Ichkraft.
Die Wesens-Offenbarung: das ist die Logos-Offenbarung
als *Liebe,* als Wesens-Erstrahlung des die Schöpfung vollendenden Geist-Gottes.

Wir kommen auf diesem Wege zu der Urdreiheit der johanneischen Verkündigung von Leben, Licht und Liebe zurück. Sie ist nicht nur das Thema des 1. Johannesbriefes, sondern auch das ordnende Prinzip für die drei großen Siebenheiten, die den Aufbau des Johannes-Evangeliums bestimmen.

Wenn oben gesagt wurde: Leben und Licht seien Offenbarungs-Zustände des Logos in vorirdischen Daseinsstufen, so ist darin kein Widerspruch, wenn wir diese Offenbarungs-Zustände im Verlauf des Evangeliums wiederfinden; denn was auf einer früheren Stufe errungen wurde, das begleitet die Entwicklung auch auf künftigen Daseinsstufen. So gesehen bilden die sieben Zeichentaten die erdgemäße Metamorphose jenes Zustandes, den der Logos während der vorletzten vorirdischen Daseinsstufe (Kosmos des Lebens) eingenommen hatte, als die Leiblichkeit mit *Lebens*kräften durchdrungen wurde. Jetzt vermitteln sie den Anschluß an ein Leben höherer Art, das jene großen Entwicklungsepochen überspannt und darum von Johannes meist »das äonische Leben« genannt wird. Auf den Zusammenhang der Zeichentaten mit diesem Leben weist auch WALTER GRUNDMANN hin: »Diese Zeichen enthüllen Jesu Herrlichkeit als des Lebensspenders; sie haben eine den Glauben erweckende Bedeutung, und sie können auch Gabe an den Glaubenden sein.«[74] Die sieben Ich-Bin-Worte sind die Metamorphose der letzten vorirdischen Logos-Offenbarung (Kosmos der Weisheit), als an der Herausbildung der seelischen Innerlichkeit gearbeitet wurde. Jetzt verwandelt sich die damals unbewußte Begabung zu einem bewußten Empfangen des göttlichen Lichtes. Jedes Ich-Bin-Wort ist in diesem Sinne eine Selbstoffenbarung des Gottessohnes — aber nicht mit selbstgenügsamem oder autoritärem Anspruch, sondern die menschliche Seinsebene umfangend und durchlichtend. Das kommt zum Ausdruck in den Nachsätzen — Brot, Licht, Weg, Weinstock —, die sämtlich dem menschlichen Erfahrensbereich zugehören. Mit seinen sieben Strahlen berührt und erhöht das Sonnen-Ich des Gottes-Sohnes das menschliche Dasein. Erst die Wesenshingabe des Logos in der Agape ist voll und ganz die zum jetzigen Zustand gehörende Logos-Offenbarung; in der Vermittlung der Agape erfüllt sich seine Erden-Mission, durch sie erst wird die Erde zum Kosmos der Liebe.

Vollkommen ausgewogen ist das Verhältnis von Werk-, Wort- und Wesens-Offenbarung zueinander. Nur scheinbar folgen die Zeichentaten und die Agape-Zentren hintereinander; in Wahrheit sind sie im Lazarus-Kapitel miteinander verflochten dadurch, daß der Satz: »Jesus liebte Lazarus«, noch *vor* der Schil-

derung von der Auferweckung steht. Außerdem werden beide Siebenheiten von der dritten Siebenheit, den Ich-Bin-Worten, je zur Hälfte überdeckt, so daß neben den inneren Durchdringungen, auf die wir bereits ausführlich eingegangen sind, eine enge Verknüpfung aller drei zustande kommt.
Das graphische Bild bringt die Verbindung der drei Siebenheiten in vereinfachter Weise zur Erscheinung:

Wort-Offenbarung des Ich-Bin

Werk-Offenbarung der Zeichentaten	*Wesens-Offenbarung der Agape-Zentren*

*

Außer der unmittelbaren Beziehung der drei Siebenheiten zu der dreifaltigen Logos-Offenbarung des Christus kann, in einer noch tiefer reichenden Perspektive, die Beziehung zu den drei Personen der göttlichen Trinität selbst gesehen werden. Diese Beziehung tritt hervor, wenn der Blick stärker auf das Wie, auf die Mittel gelenkt wird, mit denen Christus in den drei Bereichen, des natürlichen Daseins, des menschlichen Sprechens und des Agape-Vermittelns, wirkt. Hier seien die Beziehungen zu den Personen der göttlichen Trinität nur kurz angedeutet.
In den sieben *Zeichen* wirkt Christus mit den Elementen, die aus der »väterlichen« Natur stammen:
Mit der Weinspende bei der Hochzeit zu Kana knüpft er an das vorhandene Element *Wasser* an; in der Speisung segnet er das vom Vater stammende *Brot;* bei der nächtlichen Überfahrt beruhigt er die Elemente *Wind* und *Wasser*. In den drei Heilungen — Knabe, Gelähmter, Blindgeborener — gliedert er der natürlichen Bestimmung ein, was der Ordnung entfallen war, und führt dadurch das Schöpfungswerk des Vaters weiter. — Die Auferweckung des Lazarus nimmt eine Sonderstellung ein. Der

Hinweis auf das Vatergöttliche liegt in dem Wort: »Diese Krankheit ist nicht zum Tode, sondern daß der Gott in ihm offenbart werde.« Das heißt: Dasselbe Göttliche, das sich in der übrigen Schöpfung nicht erkennt, soll in dem Menschen seiner selbst bewußt werden, aus seiner Unoffenbarheit hervortreten.
Während so die sieben Zeichentaten das Wirken des Sohnes aus dem *Vater* beschreiben, stellen *die sieben Ich-Bin-Worte* die unmittelbaren Selbstaussagen des *Sohnes* dar. In siebenfacher Weise spricht der Logos als Weltenwort sein Wesen aus, so wie sich in sieben Planeten das Weltenlicht spiegelt. Nicht der Mensch Jesus spricht in diesen Worten, sondern eine kosmische Schöpfermacht tönt durch sie hindurch:

Der Logos ist *Lebensbrot:*	Von dem Rhythmus, den er impulsiert, lebt alles Lebendige.
Der Logos ist *Licht:*	Er entzündet in den Seelen das Licht der Erkenntnis und führt sie zur Welt- und Selbsterkenntnis.
Der Logos ist die *Tür:*	Durch ihn geht der Weg von hier nach da, von einem Daseinsbereich zum anderen, aber auch von Ich zu Ich, von Mensch zu Mensch.
Der Logos ist der *rechte Hirte:*	Wie das Auge des Sonnengottes alles sieht und keinen Schatten kennt, so wacht er schlaflos über allen Ichen, sie hütend und führend.
Der Logos ist *Auferstehung und Leben:*	Er bringt Erneuerung aus dem innersten Wesenskern.

Der Logos ist
Weg, Wahrheit und Leben:

Er weiß die Schicksalswege der Menschen im voraus; so sagt er zu Petrus: »später wirst du mir folgen« (Joh. 13 $_{36}$). Sein Weg ist letzten Endes immer der *Weg zum Vater.* Diese Tatsache ist zugleich die verborgene *Wahrheit,* welche die Furcht vor dem Tode überwindet; der Tod wird durch sie Zugang zum *Leben.*

Der Logos ist
wahrer Weinstock:

Im Zustand dieser Wahrheit offenbart sich der Logos als die Lebenskraft, welche, den Sinnen verborgen, das Leben der Welt trägt. Beinahe könnte es an dieser Stelle heißen: »Ist das Herz der Welt« — aber es gehört zur demutvollen Größe der Selbstoffenbarung Christi, daß er sich hier, auf ihrem Höhepunkt, mit einem sinnlich sichtbaren Naturwesen identifiziert.

Auch für uns Menschen wäre das Erlebnis unseres eigenen Ich siebenfältig, wenn das Verhältnis zu unserem höheren Ich ungetrübt wäre.[75] Uns ist der unmittelbare Zugang zu diesem siebenfältigen Ich-Erlebnis verschüttet. Um so stärker kann die Gnade empfunden werden, daß wir eine Beziehung herstellen können zu dem, der in voller Klarheit sein Ich als eine Siebenheit erleben und aussprechen konnte. Durch die siebenfältige Ich-Offenbarung des Logos ist uns ein Zugang zu unserem eigenen Ich, so wie es ursprünglich gemeint war, ermöglicht. Von daher wird ver-

ständlich, wie der meditative Umgang mit den Ich-Bin-Worten die Ich-Kräfte zu stärken vermag.
Sind die sieben Ich-Bin-Worte die Selbstoffenbarung der zweiten Person der göttlichen Trinität, so können *die sieben Agape-Stationen* als Wesensäußerungen des *Heiligen Geistes* angesehen werden; die Agape ist die menschengemäße Äußerung des Heiligen Geistes. Wenn Christus von dem Heiligen Geist oder dem Geist der Wahrheit spricht, den er den Jüngern senden will, so ist die Agape identisch mit diesem Geist. Im Brief an die Galater nennt Paulus die Agape an erster Stelle als Frucht des Geistes (Gal. 5 22). Auch der Heilige Geist äußert sich in der Siebenzahl; denn seine Offenbarung erfolgt innerhalb der zeitlichen Entwicklung, und deren Zahl ist die Sieben. So wird bereits vom Propheten *Jesaja* der Geist in einer siebenfachen Ausgestaltung geschaut:
»Und auf ihm wird ruhen der Geist Gottes:
der Geist der Weisheit und des Verstehens,
der Geist des Entschlusses und der Kraft,
der Geist der Erkenntnis und der Andacht,
und erfüllen wird ihn der Geist der Ehrfurcht Gottes« (Jes. 11 2 f. nach dem Text der Septuaginta).

Bis in das Mittelalter hinein blieb das Wissen um die Wesensverwandtschaft des Heiligen Geistes zur Liebe und um die siebenfache Ausstrahlung des Heiligen Geistes lebendig. Darum konnte Rhabanus Maurus ihn in seinem berühmten Pfingsthymnus »Veni creator spiritus« als lebendigen Quell und »Liebesglut« bezeichnen und gleich danach auch als einen »siebenfaltigen Gabenschatz«.[76] Dem Christentum unserer Zeit ist die Einsicht notwendig, die christliche Liebe nicht länger als eine defensive Empfindung aufzufassen, sondern im Sinne des heilig-heilenden Geistes als eine aktive schöpferische Kraft, die unseren Intellekt aufs höchste schärft, so daß er fähig wird, alle Vorteile für das Vordringen der Liebe zu erspähen, und als eine Kraft, die zugleich unseren Willen befeuert, die von der Liebe inspirierten Gedan-

ken in die Tat umzusetzen. MARTIN LUTHER KING ist zum Fürsprecher der heute neu gültigen Wesensverwandtschaft von Liebe und Heiligem Geist geworden. Bereits in den frühen Schriften des Negerführers kommt dies zum Ausdruck.[77]
Es geht heute um die Erkenntnis, daß die Liebe neue Dimensionen für eine konkrete Lösung der vielfältigen Probleme unserer Zeit zu eröffnen vermag. Die Gefahr der Spaltung bedroht heute den Einzelmenschen und auch die Menschheit im Ganzen: den einzelnen in der Weise, daß er es immer schwerer hat, die volle Einheit zwischen seinem Denken, Empfinden, Wollen und Handeln herzustellen, und die Menschheit darin, daß sie immer stärker zerrissen wird von völkischen und rassischen Gegensätzen. Die Liebe, die genaue Erkenntnisse und zielstrebiges Handeln herbeiführt, ist allein imstande, solche Zerrissenheit hier wie da von innen zu heilen. Und erst wenn sie dargelebt wird, kann das volle Verständnis für die Wirklichkeit des Heiligen Geistes erwachen, der heute noch weitgehend als ein Stiefkind des Christentums auf seinen Einlaß warten muß.

12. Die Summe des Johannes-Evangeliums: Der Glaube, die Liebe und das Ich

Die Beziehung der sieben Ich-Bin-Worte zu den sieben Agape-Stationen (s. o. S. 110) stellt nicht nur eine formale literarische Klammer dar. Agape und »Ich« gehören zusammen. Diese Erfahrung gilt für den Menschen: Wirklich liebe-fähig ist erst der voll zu sich Erwachte. Sympathie und Neigung bestehen nur als Vorstufen der Liebe; echte Liebe ist ein Feuer, das den Menschen in den Tiefen seines Wesens ergreift. Wahre Liebe ist ein Reife-Merkmal des Ich.[78] Das Johannes-Evangelium meint diese echte

Liebe. Zur Selbsthingabe war Jesus fähig, weil in ihm das vollkommenste Ich lebte. So liegt weder Zufall noch Willkür darin, daß die Agape-Zentren in der *zweiten* Hälfte des Evangeliums stehen: Die erste Hälfte spiegelt das Wachsen des Ich in den Zeichentaten, in deren Mitte die Ich-Bin-Worte sich zu entfalten beginnen, wie Blüten aus den Gesprächen hervorbrechend. Aber zur Frucht gelangt das Ich erst in der Agape, deren Entwicklung in der zweiten Evangelienhälfte dargestellt ist. Die Liebe, die vor der Menschwerdung des Logos nur zwischen dem Vatergott und dem Sohn bestand, gelangt zum ersten Male auf den Boden der Menschheitsentwicklung im Verhältnis Christi zu dem geliebten Jünger, um von da überzugehen auf das Verhalten der Jünger und auf alle Menschen, die den Sinn für die Agape entwickeln.
Zwar ist heute, nach fast zweitausend Jahren und trotz der Tatsache, daß sich zum Christentum viele Millionen von Menschen dem Namen nach bekennen, erst wenig von dieser Liebe zu merken. Aber es haben sich Keime gebildet, viele verborgene oder unbekannt gebliebene Beweise für das Vorhandensein einer menschenverwandelnden Liebe. Das allmähliche Wachstum der Agape erwarten können bedeutet einen Gradmesser für die vorhandene Einsicht in den großen Gang der Heilsgeschichte, einen Gradmesser für das Erstarken der geistigen Ichkraft bis hin zur göttlichen Geduld.[79] Vertrauen haben in das beständige Wachstum der Liebe heißt eigentlich »glauben«. Denn glauben bildet das Organ für die Liebe aus, und die Liebe zum Göttlichen stärkt den Glauben, steigert ihn bis hin zum Gewahrwerden der Nähe Christi in allen wesentlichen Lebensentscheidungen.

Drei Dinge gehören im Christentum zusammen:

erstens *der Glaube*, daß mit dem Leben Christi auf Erden die Liebe begonnen hat, in die Welt hereinzukommen und innerhalb des Menschenreiches zu wachsen;

zweitens *die Liebe,* die im Bewußtsein der Gottdurchdrungenheit die Erdenaufgaben annimmt und dadurch eine gewisse Hellsichtigkeit, ein Wahrnehmen des göttlichen Willens im Schicksalsgang bewirkt;

und drittens *das Ich,* das den Glauben wach und die Liebe stark erhält durch eine täglich erneuerte Bereitschaft; das beide zu mehren bereit ist durch eine gesteigerte Hingabe.

Diese Dreiheit findet ihren Ausdruck in den drei großen Rhythmen des Johannes-Evangeliums: *der Glaube* in den sieben Zeichen (»und seine Jünger begannen an ihn zu glauben«, so heißt es schon beim ersten Zeichen), *die Liebe* in den sieben Agape-Stationen und *das Ich* in den sieben Ich-Bin-Worten, welche die beiden anderen Rhythmen miteinander verbinden. Es ist ein Ausdruck dieser Entsprechung von Glaube und Liebe, daß das Wort »lieben« im ersten Abschnitt des Evangeliums noch nicht vorkommt, erst vom zweiten Abschnitt an; das Wort »glauben« kommt umgekehrt vom allerersten Abschnitt an vor, aber nicht mehr im allerletzten. Das Wort »glauben« erscheint wie vom Anfang her in das Evangelium »hineingeschoben«, das Wort »lieben« vom Ende her.

Es bleibt uns nun zu untersuchen übrig, ob sich dieses Verhältnis von Glaube, Liebe und Ich auch in der Anzahl ihrer Vorkommen ausdrückt. — Bisher kennen wir als Gesamtzahl aller Agape-Vorkommen die Zahl 44. Diese Zahl wollen wir uns merken. Außerdem sahen wir, daß das Wort »glauben« uns 98mal begegnet; dazu können wir die beiden Adjektiva gläubig (πιστός) und ungläubig (ἄπιστος) rechnen, die nur in der Thomas-Szene verwendet werden (»und nun sei nicht mehr ungläubig, sondern gläubig« 20_{27}), und erreichen somit eine Gesamtzahl von 100 Vorkommen des Wortstammes »glauben«.

Das Wörtchen »Ich« kommt in der Verbindung »Ich bin« zwar nur 36mal, insgesamt aber 144mal vor — jedenfalls weist die Konkordanz von Bruder eine solche Anzahl von Ego-Stellen nach.[80] Das Ergebnis dieser Zählungen deckt sich mit dem oben angeführten inhaltlichen Verbundensein von Glaube und Liebe im Ich: Die Summe der Vorkommen von »glauben« und »lieben« ist identisch mit der Gesamtzahl des Vorkommens von »Ich«; in Zahlen ausgedrückt: 100 + 44 = 144.

Man kann dieses Ergebnis auch so ausdrücken: Ein »Ich« ist erst dann vollständig, wenn es die Fähigkeiten des Glaubens *und* der Liebe umfaßt.[81] In Christus ist diese Vollkommenheit bereits da; in ihm sind Glaube und Liebe zu einer Einheit verwoben durch sein göttliches Ich. Oder, um einen oben erwähnten Gedanken Rudolf Steiners fortzuführen: In dem Christus ist der *Logos,* das schöpfungsmächtige Weltenwort, nachdem er in früheren Zuständen unserer Erdvergangenheit erst zum *Leben* und dann zum *Licht* für die damaligen Menschenvorfahren wurde, auf der Erde zur *Agape* geworden. Die Agape ist der vierte »Zustand« des Logos; mit ihr wird der Erde zu ihren vorhandenen vier Elementen ein neues Element hinzugefügt als die quinta essentia der Erde. Der Christus hat diese Bildung eingeleitet, und wir Menschen sind dazu berufen, die Entwicklung in seinem Sinne fortzuführen. Der Logos lebt in der Agape als in der unserem Erdenzustand angemessenen Form, und wo immer sich Menschen treffen »in seinem Namen«, im Geist der Agape, da wird die Schöpfungsmacht des Logos wirksam, da kommen die von ihm Berührten heran an den Sinn der Erde.

Wenn nun die Zahl 144 im Johannes-Evangelium eine so entscheidende Rolle spielt, warum wurde diesem Evangelisten als Symbolgestalt der *Adler* zugeordnet und nicht der Engel-Mensch? Wird doch in der Apokalypse des Johannes diese Zahl »das Maß des Menschen, zugleich des Engels« (Ap. 21 17) genannt. Diese Frage ist unseres Wissens in der gesamten Geschichte der christlichen Heraldik noch nicht hinreichend erörtert worden; offenbar ist sie so überhaupt noch nie gesehen worden. Erschwert wird die Beantwortung dadurch, daß die Entstehung der Evangelisten-Symbole nirgends in den alten Urkunden oder bei den Kirchenvätern beschrieben wird — sie waren offenbar mit einem Male da, aus einem unmittelbaren Schauen unvermittelt auftauchend — in einer Zeit, als noch instinktiv die Wesens-Verschiedenheit der vier Evangelien gespürt wurde.

Der Engel-Mensch wurde zum Symbol für den Evangelisten *Matthäus*, nicht für Johannes. Interessanterweise finden sich gerade zwischen ihren beiden Evangelien manche Parallelen. Beide sind nach dem Prinzip der Neunzahl geordnet.[82] Tiefer als die anderen sind sie in der hebräischen Geheimlehre verwurzelt, beide wissen um das Geheimnis der Zahl 144 in dem von Saint-Martin gedeuteten Sinne.

Johannes kannte die Vollkommenheit, die zu erreichen der Mensch bestimmt ist. Zugleich dürfte er sich dessen bewußt gewesen sein, wie stark der Mensch den Erdengesetzen mit ihrer Todbezogenheit unterworfen ist. Darum konnte er sich nicht damit begnügen, allein die Vollkommenheit zu *beschreiben;* er mußte zugleich die Mittel nennen, die es ermöglichen, den Weg dahin zu *beschreiten.* Und diese Mittel sind Glauben und Lieben, so wie sie in der Person Christi zu einer ichhaften Einheit verschmolzen sind.

Der Adler ist das Symbol für die Überwindung der Erdgebundenheit, für das Erreichen einer Höhe, in der das Göttliche erlebbar wird. Das Wort: »In der Welt habt ihr Angst — aber fasset Mut, ich habe die Welt überwunden«, ist ein echtes Adler-Wort, das so nur im Johannes-Evangelium stehen kann. Es offenbart zugleich, daß der Aufschwung über die Todeswelt nur möglich ist im vertrauenden Aufschauen auf Christus und im Handeln aus der Liebeskraft, die er erschlossen hat.

Der Adler ist die religiöse Aufschwungkraft; und seine beiden Schwingen — so könnte man sagen — sind der Glaube und die Liebe.[83]

V. Einzelfragen

13. Das Verhältnis zu den anderen Evangelien

In den ersten Zeiten des Christentums bestand die feste Überzeugung, daß Johannes sein Evangelium erst niedergeschrieben habe, als die anderen drei Evangelien bereits vorlagen, gewissermaßen als eine Ergänzung zu ihnen. Diese Überzeugung spricht aus dem unserer Arbeit vorangestellten Zitat und ebenso aus einer Reihe weiterer Zeugnisse der ersten Jahrhunderte. Dieselbe Tradition weiß auch zu berichten, daß Johannes die Anordnung des Vier-Evangelien-Kanons getroffen und sein Werk als letztes den übrigen angefügt habe.[84]
Die theologische Forschung ist im Laufe der Zeit und vor allem im 19. Jahrhundert von dieser Voraussetzung abgegangen und hat versucht, das Johannes-Evangelium von den drei übrigen zu isolieren. Nicht wenig hat dazu die sogenannte synoptische Theorie beigetragen, die einen starken Trennungsstrich zwischen den ersten drei als zusammengehörig gedachten Evangelien und dem vierten Evangelium gezogen hat. Doch sind dessen ungeachtet immer wieder Versuche unternommen worden, die Beziehungen zwischen den vier Evangelien aufzuzeigen. Besonders aufmerksam ist hierbei das Verhältnis zwischen *Lukas* und Johannes behandelt worden.[85]
Scheinbar hat die theologische Forschung in jüngster Zeit wieder mehr Verständnis für die Zusammengehörigkeit aller vier Evangelien gewonnen. So betont Hermann Strathmann gleich zu Beginn seines Johannes-Kommentars, Johannes setze die Überlieferung der anderen Evangelien voraus.[86] Doch leider drängt sich auch bei ihm die Tendenz vor, das Johannes-Evangelium in

vielen Einzelheiten als eine Korrektur der übrigen Evangelien aufzufassen — eine Betrachtungsweise, die bereits vor zehn Jahren als unangemessen zurückgewiesen worden ist.[87]
Einige extreme Folgerungen, zu denen die theologische Forschung gelangte, zeigen die Unhaltbarkeit des Versuches, das Johannes-Evangelium von den anderen Evangelien isoliert zu betrachten. So hat sich zum Beispiel PAUL SCHMIEDEL daran gestoßen, daß die Salbung Jesu in Bethanien zwar am Anfang von Kapitel elf vorausgesetzt, aber erst im Laufe von Kapitel zwölf geschildert werde[88], und K. A. ECKHARDT meint sogar, Jesus sei überhaupt nicht von Johannes im Jordan getauft worden, weil der vierte Evangelist den Taufvorgang nicht beschreibe.[89]
Es würde mit Recht als unglaubwürdig angesehen werden, wollte man einfach auf die alte, im Laufe der Jahrhunderte abgerissene Tradition zurückgreifen und schlechtweg die Abhängigkeit des Johannes von den anderen Evangelisten behaupten. Andererseits hat sich die theologische Wissenschaft mit ihrer einseitig rationalistischen Methode selbst ad absurdum geführt, so daß es ebensowenig möglich ist, einfach auf den Ergebnissen dieser Wissenschaft aufzubauen; zumindest ist erforderlich, scharf zwischen den von ihr ausgemachten Tatsachen und den unrichtig daraus gefolgerten Anschauungen zu unterscheiden.
Unsere Aufgabe muß vielmehr darin bestehen, aus dem Text selbst die Hinweise auf sein Verhältnis zu den übrigen Evangelien zu entnehmen. Ist sein Evangelium ein völlig in sich abgeschlossenes Werk, oder hat Johannes die anderen Evangelien gekannt und diese Kenntnis womöglich sogar bei seinen Hörern oder Lesern vorausgesetzt? Von der richtigen Beantwortung dieser Frage hängt das sachgemäße Urteil über den Charakter des vierten Evangeliums ab.

*

Wohl jedem Leser des Neuen Testamentes ist schon aufgefallen, daß von Johannes der Verlauf des *Abendmahles* so ganz anders geschildert wird als von den übrigen Evangelisten. Statt des Reichens von Brot und Wein und den dazu gehörenden »Einsetzungsworten« erfahren wir hier ganz andere Seiten jenes Gründonnerstag-Ereignisses: die Fußwaschung, die Bezeichnung des Verräters durch den eingetauchten Brocken, das Hinausgehen des Judas und die »Abschiedsreden« mit dem Hohepriesterlichen Gebet — alles Einzelheiten, die in den anderen Evangelien fehlen.

Dies ist bereits darum so erstaunlich, weil im übrigen die Passions-Erzählungen aller vier Evangelien weitgehend übereinstimmen. Dazu kommt, daß im Johannes-Evangelium sowohl das Brot, als auch der Wein eine hervorragende Stelle einnehmen (man denke an das erste und an das letzte Ich-Bin-Wort: »Ich bin das Brot des Lebens«, — »Ich bin der wahre Weinstock«, sowie an die vorherrschende Stellung des Speisungs-Kapitels in der ersten und des Weinstock-Kapitels in der zweiten Evangelienhälfte). Aus diesen beiden Gründen muß die Tatsache, daß ausgerechnet bei der Schilderung des Gründonnerstagmahles die Einsetzung von Brot und Wein und ihre Gleichsetzung mit Leib und Blut des Erlösers nicht erwähnt werden, sehr zu denken geben.

Erst bei näherem Eingehen auf den Weg des Johannes-Evangeliums erschließt sich ein Verständnis für die Ursache dieses Fehlens: Die Gleichsetzung Christi mit dem *Brot* geschieht bei Johannes bereits durch die Speisung der Fünftausend und das anschließende Gespräch; das Wort: »Ich bin das Brot des Lebens«, steht hier für das Einsetzungswort: »Nehmet hin: das ist mein Leib« (Mk. 14 22). Und für das andere Einsetzungswort: »Dies ist mein Blut« (Mk. 14 24), steht im Johannes-Evangelium das Wort: »Ich bin der wahre Weinstock«, das erst im Anschluß an das Mahl gesprochen wird. Die Einsetzung von Brot und Wein ist also nicht konzentriert auf das Gründonnerstagmahl wie bei den anderen Evangelien, sondern ausgebreitet über weite Teile des Evangeliums vorher und nachher. Vorbereitet wird die Einsetzung des Weines als Element des neuen Gottesdienstes bereits zu Beginn des Evan-

geliums, bei der Hochzeit zu Kana. Da ist es die Vorstufe: das Werden des Wassers zu Wein. Die nächste Stufe, das Werden des Weines zu Blut — zu leidenschaftslosem, dem Pflanzensaft vergleichbarem *reinen* Blut — wird eingeleitet durch die Fußwaschung. Denn diese Symbolhandlung ist der Ausdruck seiner Hingabe an die Jünger, und die Weinstock-Rede erklärt diese Handlung als den Vorgang des Einswerdens mit den Jüngern: Wie die Reben zum Weinstock, so gehören die Jünger zu ihrem Herrn, in dauernder, ununterbrochener Lebensgemeinschaft.
Aus dieser Beobachtung wird ersichtlich, daß Johannes seine Schilderung auf den historischen Tatsachen der übrigen Evangelien aufbaut, aber zugleich die Verankerung dieser Einzelheiten in dem Lebensganzen, ihr Hervorwachsen aus den Ereignissen nicht erst des Gründonnerstags, sondern bereits aus dem Ereignis der ein Jahr zuvor erfolgten Speisung besser als jene überschaut. Schon aus diesem einen Beispiel kann abgelesen werden, daß Johannes die übrigen Evangelien ergänzen, aber nicht ersetzen will. Doch soll sich unser endgültiges Urteil erst auf mehreren Beobachtungen aufbauen.

*

Als im Verlauf des *Verhörs* Pilatus den Juden anbietet, sie sollten Jesus *selbst* verurteilen, weisen die Juden dies zurück mit den Worten: »Uns steht es nicht zu, jemand zu töten« (18 31).
Der Evangelist erläutert diese Ablehnung der Juden mit der unmittelbar anschließenden Bemerkung:
»Auf daß das Wort Christi erfüllt würde, das er vorausdeutend sprach, *auf welche Weise* er den Tod erleiden würde« (18 32).
Nun ist im Johannes-Evangelium keine »Leidensankündigung« in dem spezifischen Sinne wie in den anderen drei Evangelien enthalten. Lediglich im Nikodemus-Gespräch kommt der Hinweis auf die Erhöhung am Kreuz. Diese Stelle — und ähnliche, an denen im Johannes-Evangelium auch immer nur von der *Erhöhung* die Rede ist — wird gewöhnlich in Beziehung gesetzt zu

der eben zitierten Bemerkung des Evangelisten. Doch zu Unrecht; denn vom Kreuzigen ist in diesem Stadium des Verhörs noch gar nicht die Rede. Hier kommt es hingegen dem Evangelisten darauf an, daß Jesus vorausgesagt habe, er werde nicht von den Juden, sondern von den *Ausländern* verurteilt werden. Eine solche Vorankündigung, die sich auf die Fremden bezieht, findet sich im ganzen Johannes-Evangelium nicht, wohl aber in den übrigen Evangelien, so bei Matthäus: »... und werden ihn den Fremden ausliefern ...« (Mt. 20 19) und bei Lukas: »Denn er wird den Fremden ausgeliefert werden« (Lk. 18 32).
Diese Stellen in den ersten Evangelien sind die einzigen, auf die sich die Bemerkung des vierten Evangelisten beziehen kann. Mindestens *eine* von diesen Stellen dürfte Johannes im Sinne gehabt haben, als er jene Worte niederschrieb.

Etwas Ähnliches zeigt sich bei Betrachtung einer anderen Stelle: der Erscheinung des Auferstandenen am Meere von Tiberias (K. 21). Rudolf Bultmann nimmt Anstoß daran, daß bei Johannes nichts von einem Zug der Jünger an das Galiläische Meer erwähnt wird.[90] Doch das scheinbar so unvermittelte Auftreten der Jünger am Gestade des Sees erklärt sich sogleich, wenn man berücksichtigt, daß in den *anderen* Evangelien ausdrücklich die Weisung, nach Galiläa zu gehen, enthalten ist. So sagt bei Matthäus der Auferstandene zu den Frauen:
»Gehet hin, verkündiget meinen Brüdern, daß sie nach Galiläa gehen sollen, und dort werden sie mich sehen« (Mt. 28 10, ähnlich Mk. 16 7). Erst unter der Voraussetzung, daß Johannes sein Evangelium als eine *Ergänzung* zu den drei übrigen verfaßt hat, wird der unvermittelte Szenenwechsel vom vorletzten zum letzten Kapitel verständlich.

Wenn in den Worten Johannes des Täufers die Erscheinung des herabkommenden Geistes während der Taufe erwähnt, die Taufe selbst aber nicht beschrieben wird (Joh. 1 34), so erklärt sich dieser

Mangel wiederum allein aus der Tatsache, daß Johannes sein Evangelium als eine Ergänzung der drei anderen verstanden haben will. Dasselbe gilt, wenn in 2 23 von »mehreren« Zeichen die Rede ist, während von Johannes bis dahin nur das eine, die Hochzeit zu Kana, geschildert wurde.[91]

Weiterhin kann bemerkt werden, daß die johanneische Speisung der Fünftausend den Bericht der übrigen drei Evangelien differenziert; denn während bei Matthäus, Markus und Lukas allgemein von »den Jüngern« bzw. »den Zwölfen« gesprochen wird, sind es bei Johannes Philippus und Andreas, mit denen Jesus das Gespräch führt. Auch die Einzelheit, daß ein *Knabe* die fünf Brote und zwei Fische bei sich habe, findet sich nur bei Johannes. So ist es berechtigt, daß Hengstenberg die johanneische Schilderung eine »abgekürzte Wiedergabe« dessen nennt, was in den übrigen drei Evangelien hierüber gesagt ist.[92]
Überhaupt ist Hengstenberg ein eifriger Vertreter des Standpunktes, daß alle vier Evangelien zusammengehören. Er führt in seinem Kommentar zum Johannes-Evangelium noch zahlreiche Stellen an als Beleg der für ihn »feststehenden Tatsache«, daß Johannes sein Evangelium als eine Ergänzung zu den drei übrigen verfaßt habe.[93]
Die von uns ausgewählten Beispiele lassen erkennen, daß Johannes die anderen Evangelien gekannt und die Kenntnis des in ihnen Überlieferten auch bei seinen Hörern vorausgesetzt hat. Aus unserer Textbefragung ergibt sich folgendes: Nicht zufällig ist das Johannes-Evangelium bei der Entstehung des Neutestamentlichen Kanons an die vierte Stelle gekommen; im Lesen beziehungsweise Anhören müssen die anderen drei Evangelien vorausgegangen sein. Und weil Johannes die übrigen drei Evangelien voraus-setzt, darum sind sie seinem Evangelium zurecht vorangesetzt. Die alte Tradition, die das Johannes-Evangelium als das zuletzt niedergeschriebene bezeichnet, stimmt mit den inhaltlichen Tatsachen überein (wenn diese Tradition das Richtige über die

Entstehung des vierten Evangeliums zu berichten weiß, hat sie womöglich auch in anderen Punkten recht). Da das Johannes-Evangelium nachweislich in den ersten Jahrzehnten des zweiten Jahrhunderts in Ägypten bekannt war und bereits Ende des ersten Jahrhunderts entstanden ist[94], müssen also die übrigen Evangelien schon in der Zeit vor dem Jahre 90 vorhanden gewesen sein, so daß Johannes sie kennenlernen konnte. Sehr erstaunlich ist die Tatsache, daß Johannes trotz seiner Bekanntschaft mit den übrigen Evangelien sich literarisch so unabhängig von ihnen gehalten hat. Womöglich sind auch die sogenannten synoptischen Evangelien im eigentlich literarischen Sinne viel unabhängiger voneinander, als man heute anzunehmen geneigt ist. Jedenfalls sollte die selbständige Formung des Johannes-Evangeliums bei dessen offensichtlicher Vertrautheit mit dem Stoff der übrigen Evangelien zu denken geben.

14. Das Überwiegen der Verbformen

Wie wir sehen konnten, herrschen im Hinblick auf das ganze Johannes-Evangelium die Themen »Glauben« und »Liebe« vor. Um so erstaunlicher ist, daß das Wort »*der* Glaube« im ganzen Johannes-Evangelium kein einziges Mal erscheint; dabei ist das Verbum »glauben« mit seinen 98 Vorkommen eines der am häufigsten gebrauchten Wörter dieses Evangeliums. Es könnte der Eindruck entstehen, als würde der Verfasser des vierten Evangeliums das Substantiv »Glaube« nicht kennen; aber sowohl im 1. Johannesbrief als auch in der Apokalypse verwendet er das Wort, wenn auch sehr sparsam. Dieser Sachverhalt führt uns zu der Überlegung, ob mit dem Aussparen des Substantivs »Glaube« eine bestimmte Absicht verbunden sein kann. Bei dem Wort »Liebe« ist das Verhältnis zwischen Substantiv- und Verbform nicht so kraß; den sieben Substantivformen stehen 37 Verbformen gegenüber. Ein gewisses Zurücktreten des Substantivs ist auch hier bemerkbar, und die Erfahrungen, die wir am Fehlen des Substantivs »Glaube« machen, können uns davor bewahren, in den sieben Vorkommen des Wortes »Liebe« etwas Besonderes zu sehen, diese Siebenheit zur Grundlage einer eigenen Theologie zu machen. Daß das Wort »lieben« im Johannes-Evangelium sich auf siebenfache Weise entfaltet, seiner inneren Dynamik folgend, ist bereits oben dargelegt worden und braucht hier nicht wiederholt zu werden; die sieben Vorkommen des Substantivs »Liebe« können aufgefaßt werden als Spiegelung von dem in der Siebenheit sich ausdrückenden Wesen des »Liebens«, der Agape.

Ähnliches gilt für ein anderes entscheidendes Wort des Johannes-Evangeliums: Das Wort »erkennen« wird ebenso wie »glauben« nur in seiner Verbform verwendet. Selbst wenn als Ersatz für das fehlende Substantiv »Erkenntnis« der Ausdruck »Wahrheit« angesehen wird, was in gewisser Weise berechtigt ist, bleiben dessen 25 Vorkommen hinter den 56 Vorkommen des Verbums »erkennen« immer noch auffallend in der Minderzahl. (Die Wendung »Amen, amen«, die ja aus ihrer hebräischen Bedeutung auch auf das Wahrheitselement bezogen ist, kommt übrigens ebenso häufig vor wie das Wort »Wahrheit« selbst.)

Auch bei anderen wichtigen Ausdrücken bemerken wir ein Zurücktreten der Substantivform hinter der Verbform. Aus dieser Beobachtung kann abgelesen werden, daß das Vorherrschen der Verbformen ein charakteristisches Merkmal des Johannes-Evangeliums darstellt. Ausgenommen hiervon ist allein der Prolog mit seinen auffallend vielen Substantiven. Der stark konzentrierte Gedankengehalt des Prologs bedarf der substantivischen Ausdrucksweise, während die Schilderungsweise des übrigen Evangeliums ganz vom Willenselement des Tätigkeitswortes geprägt wird. An der Entwicklungsgeschichte der alten Sprachen können wir ablesen, daß — von den Ausrufen abgesehen — die Verben die ältesten Bestandteile einer Sprache sind, das mütterliche Urelement, aus dem die übrigen Wortformen abgeleitet wurden.

Wir haben es also bei dem Johannes-Evangelium mit einem Text zu tun, der vorwiegend von dem Willenselement verbaler Ausdrucksweise bestimmt ist[95] im Unterschied etwa zu den Paulusbriefen, in denen das Gedankenelement des Substantivs vorherrscht (so kommt das Substantiv »Glaube« bei Paulus mehr als doppelt so häufig vor wie das Verbum »glauben«).

Für jeden, der sich die schwere Aufgabe stellt, das Johannes-Evangelium in eine andere Sprache zu übertragen, wie auch für denjenigen, der vorliegende Übersetzungen auf ihre »Echtheit« zu prüfen hat, dürfte die Tatsache vom Überwiegen der Verbformen einen nicht unwesentlichen Richtwert darstellen. Die Übersetzung ins Deutsche — und zum Beispiel auch ins Französische — stößt hier auf schwer zu lösende Probleme.

Eine Übersicht verdeutlicht das Verhältnis zwischen Substantiv- und Verbform bei zwölf bedeutenden Wörtern des Johannes-Evangeliums:

Das Verhältnis der Substantiv- zu den Verbformen:

πίστις	(Glaube)	—	πιστεύειν	(glauben)	98
γνῶσις	(Erkenntnis)	—	γινώσκειν	(erkennen)	56
ἐλπίς	(Hoffnung)	—	ἐλπίζειν	(hoffen)	1
ἀγάπη	(Liebe)	7	ἀγαπᾶν	(lieben)	37
μονή	(Bleibe)	2	μένειν	(bleiben)	41
τιμή	(Ansehen)	1	τιμᾶν	(ehren)	6
δόξα	(Offenbarung)	19	δοξάζειν	(offenbaren)	22
μαρτυρία	(Zeugenschaft)	14	μαρτυρεῖν	(bezeugen)	33
λόγος	(Wort)	40	λέγειν	(sprechen)	270
λαλία	(Rede)	2	λαλεῖν	(reden)	59
ἀπόκρισις	(Antwort)	2	ἀποκρίνεσθαι	(antworten)	78
γραφή	(Schrift)	12	γράφειν	(schreiben)	21

Die Waage halten sich:

χαρά	(Freude)	9	χαίρειν	(sich freuen)	9

Eine Ausnahme bildet ζωή (das höhere Leben), das mehr als doppelt sooft (36mal) vorkommt wie das zugehörige ζῆν (leben) mit seinen 17 Stellen. Doch in der Zusammensetzung mit dem Adjektiv αἰώνιος (ewig), die für Johannes besonders charakteristisch ist, weil sie die an sich schon herausgehobene Bedeutung des Wortes ζωή (= inneres Leben gegenüber dem βίος als vegetativem, pflanzlich-tierischen Leben) noch weiter erhöht, begegnet uns der Ausdruck genauso häufig wie das Verbum ζῆν = leben. Wichtig für die Struktur-Erkenntnis ist hierbei, daß sich die 17 Vorkommen von ζωὴ αἰώνιος auf die sieben Abschnitte 2, 3, 4, 5, 8, 10 und 14 konzentrieren, wobei im mittleren dieser Abschnitte (5) eine besonders starke Häufung auftritt (5mal ζωὴ αἰώνιος). Weiterhin bemerkenswert ist für den Ausdruck »leben«, daß die Anzahl der Substantiv- und der Verbformen die gleiche ist wie bei dem Worte »bin«. Das bedeutet: auch bei einer Summierung des Wortes »glauben« beziehungsweise »gläubig« mit den 53 Vorkommen des Wortes »Leben« kommt die merkwürdige Zahl 153 zustande, die uns weiter unten noch beschäftigen wird.

15. Der sprachliche Rhythmus

Eine Eigenart des johanneischen Stiles ist die an vielen Stellen bemerkbare rhythmische Diktion. Dies betrifft sowohl die oft zu beobachtende Symmetrie in der Komposition der Satzteile als auch den sprachlichen Fluß einzelner Sätze, der bei lautem Lesen auffällt. Im Rahmen der vorliegenden Untersuchung wenden wir stärker den Blick auf die metrische Formung bestimmter Sätze, da diese Besonderheit des johanneischen Stiles bisher wenig beachtet worden ist.

Gleich in den Anfangssätzen des Prologs macht sich die metrische Prägung bemerkbar:

ἐν ἀρχῇ ἦν ὁ λόγος – καὶ ὁ λόγος ἦν πρὸς τὸν θεόν

καὶ θεὸς ἦν ὁ λόγος – οὗτος ἦν ἐν ἀρχῇ πρὸς τὸν θεόν.

Auch an anderen Stellen erhebt sich die nüchterne Prosa der Beschreibung zu einer feierlichen Ausdrucksweise. Vor allem im Laufe der großen *Gespräche* ist diese Verdichtung und Erhöhung zu beobachten. Wo es im Gespräch mit Nikodemus heißt, daß es nur durch eine Neugeburt möglich sei, in das Reich Gottes zu gelangen, geht das Sprechen über in eine metrische Form:

οὐ δύναται ἰδεῖν τὴν βασιλείαν τοῦ θεοῦ (Vers 3, wiederholt in Vers 5).

Ebenso bildet der Satz, in welchem Johannes der Täufer sein Verhältnis zu dem Christus ausdrückt, eine klar und dazu sogar symmetrisch gegliederte rhythmische Form:

ἐκεῖνον δεῖ αὐξάνειν – ἐμὲ δὲ ἐλαττοῦσθαι

In der Übersetzung kann dieser Rhythmus so ausgedrückt werden:

»Denn jener muß nun wachsen, ich muß geringer werden« (3 30).

Untersuchen wir nun die sieben großen Ich-Bin-Sätze als Zentrum der Wortoffenbarung des Logos auf ihren sprachlichen Rhythmus hin! Tatsächlich sind sie deutlich metrisch geprägt, wobei den ersten vier Ich-Bin-Sätzen der gleiche Rhythmus (mit jeweils drei Hebungen) zugrunde liegt, der in der Übersetzung schlecht wiederzugeben ist:

ἐγώ εἰμι ὁ ἄρτος τῆς ζωῆς

ἐγώ εἰμι τὸ φῶς τοῦ κόσμου

ἐγώ εἰμι ἡ θύρα τῶν προβάτων

ἐγώ εἰμι ὁ ποιμὴν ὁ καλός

Die übrigen drei Ich-Bin-Sätze weisen je vier Hebungen auf; sie sind nicht so straff metrisch gebunden wie die ersten vier.

Wiederum auf eine andere Art der metrischen Formung stoßen wir bei jenen Sätzen, in denen Jesus von »seiner Stunde« spricht. Zuerst stehen diese Sätze in einem ausgesprochen *trochäischen* Versmaß:

οὔπω ἥκει ἡ ὥρα μου (2 4) Meine Stunde ist noch nicht gekommen
οὔπω πάρεστιν (7 6)
οὔπω πεπλήρωται (7 9),

um mit dem Anbrechen der Erfüllung in das gegensätzliche Metrum des *Jambus* umzuschlagen:

ἐλήλυθεν ἡ ὥρα ἵνα δοξασθῇ (12 23).

Der Wechsel des Metrums offenbart den großen Umschwung in der Seelenhaltung, der die erste von der zweiten Evangelienhälfte unterscheidet. Überwiegt in der ersten Hälfte das Annehmen, das Aufsichnehmen des Auftrages, so erscheint die zweite Hälfte wie durchdrungen von der Gewißheit des nahen Sieges. Zu einem Jubelruf läßt der jambische Rhythmus die Erkenntnis werden:

»Gekommen ist die Stunde, daß werde offenbar . . .«

Derselbe jambische Rhythmus liegt auch den Worten zugrunde, die den Anfang des Hohepriesterlichen Gebetes bilden. Das Wiederholen der gleichen Wendung, die wir aus dem 12. Kapitel bereits kennen, verstärkt an dieser Stelle den Eindruck des siegreichen Triumphes:

Gekommen ist die Stunde — offenbare deinem Sohn,
auf daß dein Sohn auch offenbare Dich (17 1).

Es erhebt sich die Frage, aus welchem Grunde Johannes nicht seiner gesamten Schilderung eine metrische Form gegeben hat. Wäre sein Werk eine *Dichtung*, dann wäre ohne Zweifel die rhythmische Formung das ihr gemäße Stilmittel. So wie der Dichter Friedrich Hölderlin seinem Hyperion-Roman zuletzt, nachdem er eine Fassung in Versen versucht hatte, eine völlig durchrhythmisierte Prosa-Fassung gab.

Es spricht für die Wirklichkeitsnähe seiner Darstellung, daß Johannes nur an Höhepunkten einzelne Sätze metrisch formte. Seine Schilderung entspricht dem tatsächlichen Leben, das ja in der Spannung zwischen dem Alltäglichen und dem Besonderen besteht.

Am Redestil geübter Redner läßt sich bemerken, daß an Höhepunkten die Sätze eine rhythmische Form annehmen. Demagogen verwenden dieses Mittel, wenn sie einen unterschwelligen Einfluß auf die Hörer ausüben wollen. Die rhythmische Formung kann aber auch der Ausdruck echter Begeisterung sein: Das Hineinklingen eines erhöhten Bewußtseins in das Alltagsbewußtsein bewirkt, daß einzelne wichtige Sätze durchrhythmisiert werden.[96]

So gesehen sind die rhythmischen Sätze im Text des Johannes-Evangeliums Ergebnisse eines Sprechens, in das ein übersinnliches Element hereinwirkt. Im Laufe eines Gespräches konnte Jesus (und auch Johannes der Täufer, wie aus dem 3. Beispiel ersichtlich) sein Sprechen bis zu einem solchen Grad von Wahrheitsbegeisterung steigern, daß die Worte wie von selbst rhythmisch geprägt wurden.

16. Die 153 Fische

Viel ist an der eigenartigen Zahl im letzten Kapitel des Johannes-Evangeliums gerätselt worden. Warum gibt der Verfasser so genau die Zahl der in der Nacht gefangenen Fische an, noch dazu mit der Hinzufügung »große« Fische? Von verschiedenen Gesichtspunkten aus bemühte man sich, das Geheimnis dieser Zahl zu ergründen. An erster Stelle stehen die Lösungsversuche, welche die 153 Fische als eine allegorische Einkleidung verstehen. So hat man dahinter entweder die Anzahl der *Orte* vermutet, durch welche Christus im Laufe seines Wirkens gekommen sei[97], oder die *Zeit* von fünf Monaten, die zusammen 153 Tage umfassen[98], oder auch die Anzahl der *Menschen,* die bis zu jenem Zeitpunkt Anhänger der neuen Gemeinschaft geworden waren.[99]

In ähnliche Richtung geht die bereits bei den Kirchenvätern anzutreffende Vermutung, den antiken Zoologen seien insgesamt 153 Fischarten bekannt gewesen, so daß die 153 Fische die Gesamtzahl aller Menschenarten repräsentierten.[100] In derselben Weise hat man bei 153 = 9 × 17 an die 17 Völker der Pfingstgeschichte (Act. 2 7 ff.) gedacht.[101]

Eine andere Möglichkeit der Deutung entsteht aus unseren Beobachtungen, die im Kapitel »Die Summe des Johannes-Evangeliums« geschildert sind. Alle Vorkommen von »glauben« und »lieben« zusammen ergeben die Zahl 144. Bildet man nun die Summe der Wörter »glauben« und »bin« (die Ichform dieses Verbs begegnet insgesamt 53mal im Johannes-Evangelium: 36mal in der betonten Form mit ego, 17mal ohne ego), so kommt man auf die Zahl 153. Damit wäre zum Ausdruck gebracht, daß die Fähigkeit zu glauben (das heißt das Übersinnliche anzuerkennen) verschmolzen ist mit dem persönlichen Sein (»ich bin« + »glauben«); das Anerkennen ist zum persönlichen Bekennen geworden.[102]

Um eine nächste Deutungsmöglichkeit verständlich zu machen, muß etwas weiter ausgeholt werden. Dem Wesen des Logos-Evangeliums entsprechend kommt den Worten Christi in diesem Evangelium ein besonderes Aussage-Gewicht zu. Vor allem beim lauten Lesen — und früher kannte man ein stilles Lesen überhaupt nicht[103] — macht sich dies bemerkbar: Während im Sprechen der übrigen Menschen, auch der Jünger, Zweifel, Unsicherheit oder Feindschaft mitschwingen, gehen von den Worten Christi Klarheit, Sicherheit und positive Kraft aus. Immer werden Wandlungen in den Menschen hervorgerufen, wenn Christus das Wort ergreift. Sein Sprechen gleicht einem aufragenden Felsen, an dem sich die Wogen der menschlichen Schwächen und Leidenschaften brechen. In seinen Worten dringt der Schaffensstrom des göttlichen Weltenwortes zu den Menschen, erfaßt sie von innen und führt so auf einer neuen Ebene das Schöpfungswerk des Vaters weiter.

Bereits vor vierzig Jahren hat ERNST LOHMEYER auf die große Bedeutung hingewiesen, die dem Wortergreifen Christi im Logos-Evangelium zukommt.[104] RUDOLF FRIELING hat dieser Anregung folgend bestimmte Gesetzmäßigkeiten in der Anzahl des Wortergreifens herausgefunden.[105] Stellt man alle einzelnen kleineren und größeren Reden Christi des Johannes-Evangeliums zusammen, so ergibt sich erstaunlicherweise wiederum die Zahl 153.[106]

Vor allem müssen wir uns hier mit der Frage befassen, ob zwischen der Anzahl der Fische und der gleichen des Wortergreifens Christi eine durch das Bild selbst gerechtfertigte Beziehung gesehen werden darf. Daß gerade im letzten Kapitel eines so genau komponierten Schriftwerkes eine Art Zusammenfassung gegeben werden soll, kann man durchaus erwarten. Aber bietet die Schilderung des Fischzuges dafür den geeigneten Rahmen?

Vergegenwärtigen wir uns, was geschieht: Die Jünger gehen aus dem Hause an das Meer. Das ist gleichzeitig Bildausdruck für das nächtliche Hinaustreten der Seele aus dem Leibeshaus und ihr Aufgenommenwerden vom Geistesmeer. Eine Erfahrung hiervon können wir uns verhältnismäßig leicht verschaffen: Versucht man, abends vor dem Einschlafen einen Gedanken oder ein Ereignis des Tages sich genau vorzustellen trotz der Müdigkeit, so ist ein »Verschwimmen« der Konturen zu bemerken. Rasch wird aus dem klaren Tagesgedanken etwas ganz anderes: Er wird beweglich, geht in ein traumartiges Empfinden über, und sehr leicht schläft der Sinnende ein, das heißt: Sein »Schiff« stößt vom festen Land des Tagesbewußtseins ab. — Petrus sagt: »Ich gehe fischen.« Damit ist ausgesprochen, daß er den bewußten Entschluß faßt, von der nächtlichen Ausfahrt etwas mitzubringen. Zunächst mißlingt das Vorhaben. Erst die Anweisung des »auf dem festen Lande« stehenden Auferstandenen beschert den Fischern den gewünschten Erfolg. »Auf der rechten Seite« das Netz auswerfen bedeutet soviel wie: sich nicht auf das unbewußte Träumen im leibfreien Zustande verlassen, sondern sich aktiv verhalten. — Der Jünger, den Jesus liebte, erkennt den Herrn: Er hat bereits genügend Unterscheidungsvermögen erworben. Petrus zieht sein Gewand über: Er taucht wieder in seine Leibeshülle ein und steigt auf das Gestade des Tagesbewußtseins herauf. Die Fische sind die Beute von der nächtlichen Jagd, eine Errungenschaft des nächtlichen Tuns. Fische sind das Lebendige im Meer; sie bedeuten hier die bleibenden Erkenntnisse, die aus dem Meer des Schlafes mitgebracht werden. Träume bleiben »links« liegen, sind eher den Meerespflanzen vergleichbar; bewußt gestellte Fragen erhalten eine klare Antwort, deutlich faßbar wie Fische. Das Hingelangen an das Ufer ist in der Bildersprache des Evangeliums aufzufassen als das Erreichen des Wachbewußtseins. — Unter dieser Betrachtung erscheint die Erzählung vom nächtlichen Fischfang als die imaginative Zusammenfassung dessen, was die Jünger während der 40 Tage — oder vielmehr während der Nächte — zwischen Ostern und Himmelfahrt erlebten. Es ging ihnen in dieser Zeit das Verständnis auf für das, was sie in den drei Jahren ihres Wandels mit Christus alles aufgenommen hatten, auch ohne es sogleich zu begreifen. Aus den Nächten in der Zeit zwischen Ostern und Himmelfahrt brachten sie deutliche, mit dem Tagesbewußtsein faßbare Erinnerungen an das vor dem Ereignis von Golgatha Geschehene mit. Auch diejenigen Ereignisse, für die es keinen Augenzeugen gegeben hat – so die Versuchung, das Gebet in Gethsemane —, erschlossen sich ihnen nachträglich durch die erhellende Begegnung mit dem Auferstandenen. Für Johannes, den im Hören Geübten, dessen Seele leidenschafts- und begierdelos auf Christus zu lauschen vermochte, wurden in erster Linie dessen Worte vernehmbar. Sie tönten ihm heraus aus den nächtlichen Fischzügen und prägten sich so tief ein, daß er sie noch Jahrzehnte später nicht nur sinngemäß, sondern sogar wortgemäß wiedergeben konnte.

Über die Kraft des Gedächtnisses, die früher den Menschen zur Verfügung stand, geben wir uns heute meist sehr ungenügenden Vorstellungen hin. Es war ihnen einmal Gehörtes oder Erlebtes ihr Leben lang gegenwärtig, sie konnten es jederzeit wieder heraufholen. Ihre Beobachtung war weit genauer, als sie es heute zu sein pflegt beim abendländischen Menschen, der unter der Hetze seines Zivilisationslebens nicht mehr intensiv genug bei einem Eindruck verweilt. Oder ist seine Seelenkraft so sehr geschwunden, daß er gar nicht mehr mit wenigem sich begnügen kann und nun, statt in der Vertiefung der Eindrücke, in einer mengenmäßigen Häufung einen scheinbaren Ersatz sucht für die verlorene Kraft des Verarbeitens, der Verinnerlichung? Ein schönes Beispiel, wie stark die Gedächtniskraft noch bis ins 19. Jahrhundert bei unverbildeten Menschen war, bringt W. Stählin in seiner unlängst erschienenen Selbstbiographie. Er schildert dort einen Bauern, der noch nach Jahrzehnten imstande war, Predigten nahezu wörtlich aus dem Gedächtnis wiederzugeben.[107]

Ob nun tatsächlich dem Evangelisten bei der Zahl der 153 Fische die Gesamtzahl aller Reden Christi zu Bewußtsein kam oder nicht: wir werden kaum fehlgehen in der sicheren Annahme, diese Zahl als eine Art Zusammenfassung alles Geschilderten zu sehen. Der zusammenfassende Charakter der Zahl 153 wird uns um so mehr einleuchten, je weniger wir sie als mengenmäßige Aufzählung verstehen. Denn in Wirklichkeit enthält die 153 das Struktur-Geheimnis des Johannes-Evangeliums selbst: Als 9×17 weist sie hin auf die 17 Abschnitte des ganzen Evangeliums und zugleich auf die jeweils 9 Abschnitte, die einem der drei Siebener-Rhythmen den Rahmen geben.

Zugleich, als Summe aller Zahlen von 1 bis 17, liegt in der 153 die Mahnung, das Johannes-Evangelium nicht abstrakt in Einzelteile (Perikope bedeutet: ringsherum abgehauen) aufzuspleißen, sondern alles einzelne in seinem organischen Zusammenhang mit dem Ganzen zu begreifen. Denn hier vor allem gilt die Wahrheit des Satzes: »Das Ganze ist mehr als die Summe seiner Teile«; auch das Evangelium als Ganzes ist mehr als eine Aneinanderreihung von Einzelheiten.

In der alten Mathematik hieß es, die 153 gebe der 17 ihre »Weihe«, das heißt ihre Vollendung. Noch die Kirchenväter wollten die 153 in diesem Sinne verstanden wissen als Summe aller Zahlen von 1 bis 17, und die 17 erklärten sie als Summe von 10 (als Zahl der Vollkommenheit: die 10 Gebote) und 7 (als Zahl der Offenbarung: der »siebenfältige Geist«).[108]

Nach allem, was wir während unserer Untersuchung über die Strukturen im Johannes-Evangelium und ihre zahlenmäßigen Ausprägungen erfahren haben, kann uns das Auftreten der Zahl 153 am Ende des Evangeliums nicht so sehr verwundern. Sie faßt die Zahlen 9 und 17, die wir als wichtigste strukturbildende Größen dieses Evangeliums kennenlernten, in einer höheren Einheit zusammen. Die 153, als »Weihezahl« der 17, ist somit eine Schlüsselzahl für den Aufbau des Evangeliums, in dessen Schlußkapitel sie hineingeheimnist worden ist.[109]

17. Ergebnisse

Aus der Überschau über die hier mitgeteilten Untersuchungen in ihrem Verhältnis zum gegenwärtigen Stand der neutestamentlichen Forschung ergeben sich einerseits Spannungen, aber auch Übereinstimmungen, die wir abschließend genauer beschreiben wollen.

Über den eigentlichen Wert des Johannes-Evangeliums bestehen heute völlig entgegengesetzte Meinungen. Die einen nennen es »das reifste Zeugnis der Urkirche«[110] und den »köstlichsten Schatz, den die Bibel zu verschenken hat«[111], während andere Forscher es abwerten als »Sekretärs- und Redaktionsarbeit der Schüler« oder gar als Machwerk eines späteren Redaktors.[112] Unsere Beobachtungen jedoch ermöglichen den Schluß: Eine solche Schrift kann nur das Werk eines mit den Geheimnissen der Sendung Christi tief vertrauten Menschen sein. So konnte nur jemand schreiben, der selbst in allernächster Lebensbeziehung zu Christus gestanden hat. Ein Sekretär oder späterer Redakteur hätte höchstens einzelne Szenen — wie etwa die Heilungen, die Fußwaschung oder die Begegnungen der Jünger mit dem Auferstandenen — aneinanderreihen können, ohne inneren Zusammenhang.

Der Einblick in die Struktur des Evangeliums läßt jedoch erkennen, daß es sich um eine einheitliche Konzeption handelt, aus der Schau eines und desselben Geistes. Die Einzelheiten sind auf das Ganze sinnvoll bezogen. Innerhalb des Gesamtwerkes bekommt jede Erzählung und jede Rede ihren unverwechselbaren Stellenwert; neben die Aussage als Einzelteil tritt eine zusätzliche, die durch sein Verhältnis zum Ganzen bestimmt ist.

Änderungen in der Reihenfolge der einzelnen Kapitel, die in den letzten Jahren von vielen namhaften Forschern vorgeschlagen wurden[113], sind nach unseren Beobachtungen nicht angebracht; sie würden das außerordentlich feine Gefüge dieses Evangeliums zerstören. Mit hoher Wahrscheinlichkeit ist die überlieferte Anordnung der einzelnen Abschnitte die ursprüngliche; jedenfalls stimmt sie zu der Idee des Evangeliums, wie sie hier dargestellt worden ist.

Doch nicht nur die Reihenfolge, auch der Textbestand selbst scheint unseren Beobachtungen zufolge außerordentlich treu überliefert zu sein. Für die Beurteilung der Frage, welche Bestandteile ursprünglich zu einem Text gehören und welche erst von späterer Hand zugefügt wurden, hängt alles von dem Gebrauch des richtigen Maßstabes ab. Es darf bei solchen hochstehenden Kunstwerken, wie es die Evangelien nun einmal sind, bei der Betrachtung der Einzelheiten nie das Ganze aus dem Auge verloren werden. Der von uns verwendete Maßstab erlaubt nicht nur, sondern legt geradezu nahe, einige von der Wissenschaft in Frage gestellte Teile des Johannes-Evangeliums als wesentlich dem Ganzen integriert anzusehen. Dies gilt von der *Ehebrecherin - Perikope,* die nach Meinung einiger Forscher schon sehr bald von der Kirche aus dem Text entfernt wurde, weil sie nicht in das Moralschema des frühen Kirchenchristentums zu passen schien.[114] Ebenso wird das *letzte Kapitel* heute meist als ein »Nachtrag« betrachtet. Nur EDUARD SCHWEIZER sieht in bestimmten stilistischen Merkmalen das Kennzeichen für einen ursprünglichen Zusammenhang mit dem ganzen Evangelium.[115] Aber es sprechen nicht nur stilistische, sondern vor allem inhaltliche Merkmale für die Zugehörigkeit: die offensichtliche Beziehung zum 1. Kapitel, worüber bei den »thematischen Entsprechungen« bereits das Nötige gesagt wurde; sodann die Entwicklung des Agape-Themas, das erst im letzten Abschnitt seine höchste Stufe erreicht. — Man wird aufgrund solcher Beobachtungen, aus denen wiederum der Zusammenklang von Inhalt und stilistischer Form spricht, kaum etwas anderes annehmen können, als daß das Schlußkapitel von Anfang an in die Gesamtkonzeption einbezogen war, und zwar von demselben Verfasser, dessen Geist die Idee des Ganzen gefaßt hatte.

Wer dieser Verfasser gewesen ist, ob der Zebedäussohn Johannes oder ein anderer, besonders nahestehender und vielleicht erst später zum Kreis der Zwölf hinzukommender Jünger[116], das kann anhand unserer Untersuchungen nicht entschieden werden. Immerhin läßt sich soviel sagen: Die Meinung, der Verfasser als der Lieblingsjünger sei mit dem auferweckten Lazarus gleichzusetzen, steht nicht im Widerspruch zum Gesamtaufbau des Evangeliums. Die inneren Beziehungslinien, die vom Lazarus-Kapitel unmittelbar die ganze zweite Evangelienhälfte durchdringen mit ihrem starken Betonen der Agape, machen es wahrscheinlich, daß die genannten Personen aufs engste zueinandergehören. Zumindest sollte es zu denken geben, daß der Ausdruck »der Jünger, den Jesus liebte« erst vom Lazarus-Kapitel an verwendet wird.[117]

Ein wesentliches Ergebnis unserer Untersuchung ist die Erkenntnis, daß sich das Johannes-Evangelium — abgesehen vom Prolog — aus 17 Abschnitten aufbaut[118], deren Mitte (= 9. Abschnitt) von dem Lazarus-Kapitel eingenommen wird. Der Mitte-Charakter der Lazarus-Erweckung war bereits durch die bisher übliche Kapiteleinteilung nahegelegt; ebenfalls ging aus der bisherigen Einteilung hervor, daß die Speisung der Fünftausend die Mitte der ersten Evangelienhälfte bildet. Neu tritt durch die Einteilung in 17 Abschnitte hervor, daß für die zweite Evangelienhälfte das Weinstock-Kapitel die Mitte darstellt. Dadurch kommt der sakramentale Charakter des ganzen Johannes-Evangeliums, der schon von verschiedenen Forschern bemerkt worden ist, stärker zum Ausdruck.[119]

Es mag paradox klingen, wenn der Ausdruck »Hälften« auf eine ungerade Zahl angewendet wird. Doch dieser scheinbare Widerspruch führt uns dazu, im Johannes-Evangelium eine ganz eigene Mathematik zu erkennen, die ihre Bestandteile als individuelle Größen gelten läßt, nicht nur als mechanisch teilbare Mengen. So umfaßt bei Johannes jede Evangelienhälfte neun Abschnitte. Da aber der neunte Abschnitt zugleich den Beginn der zweiten Hälfte darstellt, gibt 2 mal 9 in diesem Falle nicht 18, sondern 17. Entsprechend gilt für die Bestandteile der beiden Evangelienhälften die Rechnung 9 = 2 mal 5. Diese Art Mathematik ist der Musik nahe verwandt. Wenigstens seit J. S. Bach gibt es sie in der Technik des Komponierens: Bach begann damit, ein neues Thema gleich aus dem Schlußton des vorhergehenden zu entwickeln, während es früher üblich war (z. B. noch bei Vivaldi), das erste Thema ausklingen zu lassen, womöglich diesen Schluß durch eine Pause zu betonen, bevor man das neue Thema einsetzen ließ.[120] Hier sei noch einmal der Blick auf das mittlere

Kapitel des ganzen Evangeliums gelenkt. Im neunten Abschnitt wird die letzte Zeichentat geschildert, die Auferweckung des Lazarus. Unmittelbar voran geht dieser Schilderung die Erwähnung des Agape-Verhältnisses zu den drei Geschwistern von Bethanien. Genaugenommen setzt damit also die Reihe der sieben Agape-Zentren ein, bevor die letzte Zeichentat geschildert wird; mitten hinein erklingt das Wort: »Ich bin die Auferstehung und das Leben.« Es ist somit das mittlere Kapitel das einzige, das von allen drei Siebenheiten — Zeichentaten, Ich-Bin-Worte und Agape-Zentren — einen Teil enthält. Im Lazarus-Kapitel sind die drei großen Siebenheiten zu einer Einheit verknüpft. Allein die Betrachtung dieses einen Abschnittes in seiner dreifachen Funktion zeigt, daß hier ein großer Künstler am Werk gewesen ist, nicht ein geistloser Redaktor oder Kompilator, wie heute noch vielfach angenommen wird.

Wir können aufgrund der Übereinstimmung von ideenmäßigem Gehalt und zahlenmäßigem Wortbestand dem Urteil Ernst Lohmeyers voll zustimmen, der in der »zahlenmäßigen Ordnung« des Johannes-Evangeliums einen Erweis für dessen literarische Einheit gesehen hat.[121] Was Lohmeyer an einem Einzelbeispiel charakterisiert, das — so möchten wir folgern — findet überall seine Bestätigung, wenn man auf andere wichtige Wörter und Sätze dieses Werkes eingeht. Die von uns gebrachten Beispiele könnten beträchtlich vermehrt werden; doch würde damit nichts prinzipiell Neues ausgesagt. Hier kam es darauf an, den ideenmäßigen Zusammenhang des ganzen Werkes zur Erscheinung zu bringen und alle einzelnen Wort-Vorkommen aus der Einbettung in diesen Zusammenhang zu verstehen.

Sowohl im Hinblick auf die stilistische Form als auch auf den Ideen-Gehalt erweist sich das Johannes-Evangelium als eine geschlossene Einheit. Sein Inhalt und seine Form entsprechen sich in einem so hohen Maß, wie dies sonst nur von den allergrößten Kunstwerken bekannt ist. Es gehört tatsächlich »unter den gesamten literarisch-schriftstellerischen Dokumenten zu den größten«, wie RUDOLF STEINER vor sechzig Jahren betonte.[122] Gegenüber den analysierenden Tendenzen, die sich heute vielfach geltend machen, war es einmal notwendig, die außerordentliche Übereinstimmung von Form und Inhalt im Johannes-Evangelium aufzuzeigen. Die dabei zutage tretenden Strukturlinien wollen nicht als starres Gerüst, sondern als Kraftlinien verstanden sein, die mit ihren Rhythmen dieses Kunstwerk in seinem vollen Umfang lebendig durchdringen.

Anmerkungen

1 »Die Aloger. Von uns so genannt. Sie verwerfen das Evangelium des Johannes und den ewigen Gott-Logos darin, der vom Himmel herab, vom Vater herkommt. Ebensowenig wie das Evangelium des Johannes nehmen sie die Apokalypse an.«
EPIPHANIUS »Anakephalaiosis« Kap. 51 (Bibl. der Kirchenväter Bd. 38, München 1919, S. 209).

2 IRENÄUS haer. III 11 9. Vgl. auch THEODOR ZAHN, »Geschichte des Neutestamentlichen Kanons«, Erlangen 1888, Bd. I, 1 S. 242 ff.

3 »Durch die Verkündigung seines Evangeliums wollte er jenen Irrtum widerlegen, den Kerinthus unter die Menschen gebracht hat und viel vor ihm die sog. Nikolaiten, die ein Abzweig der fälschlich so genannten Gnosis sind.« IRENÄUS III 11 1 sowie EUSEBIUS hist. eccl. III 28.

4 »Das Johannes-Evangelium hat seine ersten Erklärer unter gnostischen Schulhäuptern gehabt: Ptolemäus und Herakleon haben sich um seine Erklärung bemüht.« HANS ACHELIS, »Das Christentum in den ersten drei Jahrhunderten«, Leipzig 1925, S. 165 sowie ZAHN, Gesch. des Kanons I, 2 S. 732 f. und II, 2 S. 956 ff.

5 vgl. RUDOLF SCHNACKENBURG im Herder-Kirchenlexikon 5. Bd., Freiburg 1960, Sp. 1104 f. und FRITZ RIENECKER im Lexikon zur Bibel, Wuppertal 1960, Sp. 712.

6 In der Vorrede zu »wilchs die rechten und Edlisten bucher des newen testaments sind«, 1522. Erlanger Ausgabe, Bd. 63 S. 115.

7 ZWINGLI, »Schriften« ed. Köhler 1918, S. 640.

8 CARL CLEMEN spricht geradezu von der »Ungeschichtlichkeit« des Evangeliums. »Die Entstehung des Johannesevangeliums«, Halle 1912.

9 »Das Evangelium des heiligen Johannes« Bd. I-III, Berlin 1861 ff. Hengstenberg blieb als professionellem Alttestamentler von seiten der neutestamentlichen Wissenschaft die Beachtung versagt, die er eigentlich verdiente.

10 Vortrag vom 27. 6. 1907 in Kassel. Enthalten in Band 100 der Rudolf-Steiner-Gesamtausgabe: »Menschheitsentwicklung und Christus-Erkenntnis«, Dornach 1967, S. 154.

11 ERNST VON DOBSCHÜTZ in: »Zeitschrift für die Neutestamentliche Wissenschaft«, 1929, S. 168.

12 »Das Johannes-Evangelium ist also offenbar von einer Redaktion herausgegeben worden, die als kirchliche bezeichnet werden muß, weil sie den Sakramentsglauben und die Zukunfts-Eschatologie in das J. hineinkorrigierte, die ihm ursprünglich fremd waren.« RUDOLF BULTMANN in RGG, Tübingen 1959, Sp. 841.

13 Eduard Schweizer, »Ego eimi«, Göttingen 1965 sowie R. Bultmann in RGG Art. »Johannes-Evangelium« und *R. Schnackenburg* im Herder-Lexikon Art. »Joh. evang.« 5. Bd. Sp. 1101

14 Karl August Eckhardt, »Der Tod des Johannes als Schlüssel zum Verständnis der johanneischen Schriften«, Berlin 1961, S. 167.

15 dto. S. 158.

16 Rudolf Meyer, »Die Wiedergewinnung des Johannesevangeliums«, Stuttgart 1962, S. 81 ff.

17 Friedrich Rittelmeyer, »Welterneuerung«, Stuttgart 1925;
ders. »Briefe über das Johannes-Evangelium«, Stuttgart 1930/32, Neuauflage Stuttgart 1954;
ders. »Ich Bin«, Stuttgart 1951.

18 Ernst Lohmeyer, »Über Aufbau und Gliederung des 4. Evangeliums«, ZNTW 1928 S. 33.
Rudolf Frieling, »Die heilige Zahl im Johannes-Evangelium«, Stuttgart 1933.

19 »Wir bekommen in diesen neuen Texten (sc. von Qumran) den Mutterboden des Johannes-Evangeliums zu fassen, und dieser Mutterboden ist palästinensisch-jüdisch, ist aber nicht das pharisäisch-rabbinische Judentum, sondern ist eine palästinensisch-jüdische Sektenfrömmigkeit gnostischer Struktur.« K. G. Kuhn, »Die in Palästina gefundenen hebräischen Texte und das Neue Testament«, Zeitschr. f. Theologie und Kirche 47, 1950, S. 210. Und R. Bultmann hält für die nächsten literarischen Verwandten des Johannes-Evangeliums »die Briefe des Ignatius von Antiochien, die den Einfluß einer syrischen Gnosis auf die Christologie bezeugen, und neben ihnen die Salomo-Oden«, die ja dem essenischen Schrifttum außerordentlich nahestehen. RGG Art. »Johannes-Ev.«.
Hierzu vgl. auch Millar Burrows, »Die Schriftrollen vom Toten Meer«, München 1956, S. 279 f. sowie Kurt Schubert, »Die Gemeinde vom Toten Meer«, München 1958, S. 131.

20 Nicht zu Unrecht werden die ersten Bücher der Bibel als Schriften des Moses bezeichnet; denn durch Moses ist das Geheimwissen über die Urvergangenheit der Erde zuerst lehrbar geworden. Vgl. hierzu Rudolf Steiner, »Geistige Hierarchien und ihre Widerspiegelung in der physischen Welt«, 1. Vortrag, Dornach 1960, S. 10 ff.

21 »Diejenigen, welche aus eigener Erfahrung und nicht von andern belehrt vom Lichte Zeugnis abgelegt und darauf hingewiesen haben, daß einer kommen werde, welcher zum ersten Male an alle das Licht heranbringt, diese heißen in der Geheimlehre Johannes. Der Schreiber des Johannes-Evangeliums ist ein solcher ›Johannes‹. In Vers 18 heißt es: ›Niemand hat Gott je gesehen . . .‹, das heißt niemand vor Johannes, denn erst mit Christus Jesus wurde er personifiziert. Das größte Ereignis für die Entwicklung des Kosmos und der Menschen ist das Ereignis von Golgatha.« Rudolf Steiner am 18. Nov. 1907 in Basel, abgedruckt

in Band 100 der Gesamtausgabe, »Menschheitsentwicklung ...«, Dornach 1967, S. 209.

22 Innerhalb der letzten 70 Jahre ist die Identität des Lieblingsjüngers mit dem auferweckten Lazarus von mehreren Forschern gefunden worden, zuerst von JOH. KREYENBÜHL. Doch ist, abgesehen von dem bloßen Tatbestand der Identität beider Personen, von keinem Forscher in so klarer Weise dargestellt worden wie von RUDOLF STEINER, daß die im Johannes-Evangelium geschilderte Auferweckung des Lazarus eine Einweihung darstellte und den Freund Lazarus zum Lieblingsjünger werden ließ, der durch die Berührung mit der Welt des Todes Zugang zu den tieferen Geheimnissen Christi erhielt. In mehreren Schriften hat R. Steiner darüber gesprochen, zuerst in seinem Buch »Das Christentum als mystische Tatsache« (1902).

Unabhängig von ihm hat Joh. Kreyenbühl zwei Jahre zuvor geschrieben: »Der Endzweck der Einführung der ἀσθένεια (Krankheit) ist nicht, ihn sterben und dann fleischlich auferstehen zu lassen, sondern zu zeigen, daß er sich im wahren Geiste Jesu, als sein Lieblingsjünger, von der ἀσθένεια zur Verherrlichung Gottes und seiner selbst im ewigen Leben erhoben hat.«

»Das Evangelium der Wahrheit. Neue Lösung der Johanneischen Frage«, I 1900, S. 157 f.).

R. EISLER, (»Das Rätsel des Johannes-Evangeliums« in Eranos-Jahrbuch 1935, Zürich 1936) treibt die Identitäts-Theorie wohl zu weit, wenn er dieselbe Person in dem reichen Jüngling des Markus-Evangeliums, in dem Bettler Lazarus des Lukas-Evangeliums, dem Lazarus und dem Lieblingsjünger im Johannes-Evangelium und später in dem historischen Bandenführer Eleazar, der nach Josephus gegen 60 n. Chr. gefangengenommen und nach Rom überführt wurde, sehen will.

Die beiden englischen Forscher FLOYD V. FILSON und J. R. SANDERS sehen als erwiesene Tatsache an, daß das 4. Evangelium das Werk des Lazarus sei; Filson, »Who was the Beloved Disciple«, Journal of Bibl. Literature, 1949; Sanders, »Those whom Jesus loved«, New Testament Studies I, Cambridge 1954.

K. A. ECKHARDT hat die Angabe R. Steiners zu prüfen und, wie er selber sagt, »ad absurdum« zu führen versucht: »Aber es gelang mir nicht, den Aufsatz zu schreiben, der mir in etwa vorschwebte ... Abgesehen von der Nebenfrage, woher der Name stammt, und unbeschadet eines grundsätzlich abweichenden religiösen Verständnisses, das hier aber nicht zur Erörterung steht, haben sich nur Argumente für, keines gegen diese Auffassung Steiners gefunden. Eine um so erstaunlichere Übereinstimmung, als Steiner eine Begründung nach der üblichen wissenschaftlichen Methode verschmäht hat, mir als kritischem Historiker aber die Erkenntniswege anthroposophischer Schau durchaus verschlossen sind.« »Der Tod des Johannes«, Berlin 1961, S. 22.

Es ist dies ein Beweis dafür, daß nach und nach die von R. Steiner gemachten Aussagen von unbefangen vorgehenden Forschern bestätigt werden, wenn auch schrittweise. Die hier von uns durchgeführten Untersuchungen an der Komposition sind durchaus mit den Mitteln des normalen Menschenverstandes unternommen worden und können als weitere Bestätigungen des von R. Steiner Geschauten angesehen werden.

23 Ethelbert Stauffer, »Jesus – Gestalt und Geschichte«, Bern 1957, S. 56.

24 »Briefe über das Johannes-Evangelium«, Stuttgart 1954, S. 234.

25 »Der Vers (2_{11}) ist zugleich die Abrundung der ganzen Gruppe. Mit dem Zeugnis des Johannes von dem nahe bevorstehenden Auftreten Christi und seiner Herrlichkeit hatte sie begonnen, sie schließt mit dem Berichte über die erste Tatsache, wodurch Jesus einen vollen Beweis seiner Herrlichkeit gab, in der also die Vorherverkündigung des Johannes ihre Bewährung fand.« Ernst Wilhelm Hengstenberg, »Das Evangelium des heiligen Johannes«, Band I, Berlin 1861, S. 142.
Ähnlich Chr. Ernst Luthardt, »De compositione Evangelii Joannei«, Nürnberg 1852, S. 8 ff.

26 Auf diese Entsprechung hat bereits E. W. Hengstenberg hingewiesen; s. o. Band I, S. 407.
Aufmerksam gemacht sei bei dieser Gelegenheit auf zwei Verben, die in Zusammenhang mit diesem Thema öfters erwähnt werden: »erhöhen« (ὑψόω) und »ziehen« (ἑλκύω). Beide Ausdrücke bilden in der Gesamtheit ihrer Vorkommen eine auffällige Figur, und zwar in Form des Andreaskreuzes. An einer Stelle treten beide gemeinsam auf, nämlich in dem Satz: »Und ich, wenn ich *erhöht* bin von der Erde, werde ich alle zu mir *ziehen*« (12_{32}). Vor dieser Stelle begegnet uns »erhöhen« dreimal, danach einmal; bei »ziehen« ist es umgekehrt: Es begegnet uns vorher nur einmal und nachher dreimal. Beachtenswert ist dabei, daß beide Verben nur einmal in der Ich-Form auftreten: eben in dem gemeinsamen Satz 12_{32}. Das Andreaskreuz entsteht durch die Überkreuzung der beiden Reihen:

3_{14} Wie M. . . . die Schlange *erhöhte*	21_{11} und *zog* das Netz ans Land
3_{14} So muß der Menschensohn *erhöht* werden	21_{6} Sie vermochten es nicht zu *ziehen*
8_{28} Wenn ihr den Menschensohn *erhöhen* werdet	18_{10} Petrus *zog* es

12_{32} Und ich, wenn ich *erhöht* bin von der Erde, werde ich alle zu mir *ziehen*

6_{44} Es *ziehe* ihn denn der Vater	12_{34} Der Menschensohn muß *erhöht* werden

3_{14}	ὕψωσεν	21_{11}	εἵλκυσε
3_{14}	ὑψωθῆναι	21_{6}	ἑλκύσαι
8_{28}	ὑψώσητε	18_{10}	εἵλκυσεν
12_{32}	ὑψωθῶ		ἑλκύσω
6_{44}	ἑλκύσῃ	12_{34}	ὑψωθῆναι

27 vgl. hierzu Emil Bock: »Eine Fortsetzung und Steigerung dieses Wortes (nämlich: Weib, gib mir zu trinken) ist dasjenige, das Johannes den Christus am Kreuz sprechen läßt: ›Mich dürstet.‹« Aus: »Die Ostergeschichten in den vier Evangelien«, 11./12. Betrachtung S. 34, aus dem Sammelwerk »Das Evangelium«, Stuttgart o. J.

28 Anna Katharina Emmerich, »Das arme Leben unseres Herrn Jesu Christi«. Auswahl aus den Tagebüchern des Clemens Brentano, Würzburg 1954, S. 506.

29 »Agape«, Stuttgart 1967, S. 45.

30 »Agape«, S. 55.

31 Ebensooft wie »herabsteigen« begegnet uns der Ausdruck »hinaufsteisteigen«. Doch die 17 Vorkommen dieses Verbums sind über das *ganze* Evangelium verteilt, stellen also in dem gesuchten Sinne keine Ergänzung zu dem Wort »herabsteigen« dar – es sei denn, man verstehe »hinaufsteigen« als einen dauernden Vorgang innerhalb der drei Jahre zwischen Jordantaufe und Kreuzestod, wohingegen das »Herabsteigen« mit dem Ereignis der Speisung und des Gesprächs ein Jahr vor dem letzten Passahfest an einen vorläufigen Endpunkt gelangte.

32 »Ego eimi«, Göttingen 1965.

33 Der Codex wird dem 4. Jahrhundert zugeschrieben; dieselbe Einteilung gibt der aus dem 8. Jahrhundert stammende Codex Ξ. Vgl. Otto Schmid, »Über verschiedene Einteilungen der Heiligen Schrift, besonders über die Kapiteleinteilung Stephan Langtons im 13. Jahrhundert«, Graz 1892 sowie »Erläuterungen zum Griechischen Neuen Testament« von Erwin Nestle, Stuttgart 1932, S. 29.

34 In diesem Sinne wurde der Satz von Rudolf Steiner gedeutet; vgl. auch Friedrich Rittelmeyer, »Briefe über das Johannes-Evangelium«, S. 232.

35 Friedrich Rittelmeyer sieht das Gespräch mit Petrus und die Wechselrede mit den anderen drei Jüngern ebenfalls als Einheit. Er faßt das Ganze als »weltgeschichtliches Gespräch« auf, in dem Petrus als Vertreter des Römertums, Thomas als Vertreter Indiens, Philippus als Vertreter Griechenlands und Judas als Vertreter des eigentlichen Judentums (im Gegensatz zu Judas Iskarioth als Vertreter eines verfehlten Judentums) zu Worte kommen: »Briefe über das Johannes-Evangelium«, Stuttgart 1954, S. 208-233.

36 E. NESTLE in den »Erläuterungen« zum Novum Testamentum Graece 1898, S. 29 ff.

37 Ein weiteres stilistisches Merkmal ihrer Zugehörigkeit zum ersten Abschnitt ist die einleitende Wendung »am dritten Tage«, womit unüberhörbar an die vorher gebrauchte Wendung »am anderen Tage« (1 29, 35, 43) angeknüpft wird: So wird die Hochzeit zu Kana das letzte unter den vier Ereignissen des Anfangs.

38 »Die Wiedergewinnung des Johannes-Evangeliums«, Stuttgart 1962, S. 81 ff.

39 Durch diese Beobachtungen wird bestätigt, was EDUARD SCHWEIZER als eine ungefähre Behauptung ausgesprochen hat: »Der Stil ist im wesentlichen durchgängig einheitlich ... Im großen und ganzen ist also das Johannes-Evangelium ein einheitliches Werk ...« »Ego eimi«, Göttingen 1965, S. 108.

40 Zwei Tatsachen bestätigten nachträglich die Richtigkeit dieser Gliederung. Die eine Bestätigung kam durch die Feststellung zustande, daß der Ausdruck »glauben« mit seiner hohen Zahl von 98 Vorkommen überraschend gleichmäßig auf die 16 ersten Abschnitte des Evangeliums verteilt ist (Näheres s. S. 66). Die andere Bestätigung, ebenfalls erst nachträglich gefunden, liegt darin, daß bereits vor ca. 100 Jahren die μετὰ ταῦτα-Formel in ihrer strukturbildenden Funktion erkannt und angewendet worden ist: CARL WEIZSÄCKER hat in seiner Übersetzung des Neuen Testamentes (1. Aufl. Tübingen 1875) das Johannes-Evangelium, dem Auftreten jener Wendung folgend, gegliedert. Seine Einteilung des Johannes-Evangeliums entspricht darum weitgehend der von uns vorgeschlagenen; doch läßt er die Abschiedsreden als einen ungegliederten Block stehen, auch die Perikope von der Ehebrecherin wird von ihm nicht als Beginn eines neuen Abschnittes gewertet. So umfaßt Weizsäckers Einteilung einige Abschnitte weniger als die unsrige.

41 E. LOHMEYER, »Über Aufbau und Gliederung des 4. Evangeliums«, ZNTW 1928, S. 12
sowie PAUL W. SCHMIEDEL, »Das vierte Evangelium gegenüber den drei ersten«, Tübingen 1906, worin alle sieben Zeichentaten erwähnt sind, jedoch ohne als eine zusammenhängende Siebenheit bewußt erfaßt zu sein (z. B. S. 81 und S. 88).

42 »σημεῖον bezeichnet in seiner wichtigsten Funktion im 4. Evangelium ein Geschehen, das nicht in sich abgeschlossen ist, das nicht für sich betrachtet werden darf, sondern das nur sinnvoll ist als ein Hinweis auf etwas ganz anderes ... Zugespitzt wird dieses Wortverständnis am Verbum: ›Das aber sagte er σημαίνων, welches Todes er sterben sollte‹ 12 33).« EDUARD SCHWEIZER, »Ego eimi«, Göttingen 1965, S. 138, vgl. auch Artikel σημεῖον in Kittels Wörterbuch sowie GERHARD WEHR, »Spirituelle Interpretation der Bibel als Aufgabe«, Basel 1968, S. 77: »Semeia sind vor allem Mittel zur Offenbarung seiner Herrlichkeit (doxa). Als solche dienen sie der Begründung von Glaube (pistis).«

Weiterhin RUDOLF SCHNACKENBURG, »Neutestamentliche Theologie – der Stand der Forschung«, München 1965, S. 121: »Sein erster Teil ist ein ›Buch der Zeichen‹, und das johanneische semeion-Verständnis deutet auf einen tieferen – christologisch-soteriologischen – Sinn der Großwunder, die gleichwohl ihre irdische, sorgfältig festgestellte Realität behalten.«

43 »Er schenket zu der armen Hochzeit guten Wein, mit einem großen Wunderzeichen. Er bestätiget damit, daß die Ehe Gottes Werk und Ordnung ist, es sei auch wie verachtet oder gering es wolle unter den Leuten, dennoch erkennet Gott sein Werk und hat es lieb. – Hiebei läßt sich auch Christus merken, daß er kein Mißfallen hat an der Kostung der Hochzeit, noch an allem, das zur Hochzeit gebührt, als Schmuck und fröhlich sein, essen und trinken, wie das der Brauch und Landessitte fordert; welches doch scheint, als sei es ein Überfluß und verlorne Kost und weltlich Ding, so fern doch, das solches Alles seine Maße habe und einer Hochzeit ähnlich sei. – Wenn Mann und Weib fein christlich miteinander leben, so nährt sie unser Herr Gott so leichtlich, daß sie mehr kriegen denn sie meinen. Unser lieber Herr Christus macht noch heutiges Tages in meinem und deinem Hause, wenn wir nur gottselig und fromm sind und ihn sorgen lassen, Wasser zu Wein.«

44 Wie oben zitiert nach E. W. HENGSTENBERG, »Das Evangelium des heiligen Johannes«, Band I, Berlin 1861.

45 R. BULTMANN, »Das Evangelium des Johannes«, Göttingen 1952, S. 83.

46 »Ausleerend bemerken Mehrere, das Versuchen bezeichne hier nicht die Glaubensprobe... Dagegen entscheidet der gewöhnliche Begriff des Versuchens in der Schrift ... wonach der *Glaubens*standpunkt durch die Versuchung ermittelt werden soll.« E. W. HENGSTENBERG, Bd. I, S. 344.

47 »Welterneuerung«, Stuttgart 1925, S. 44 ff.
»Ich Bin«, Stuttgart 1951.

48 »Unrichtig übersetzt Luther ›ein guter Hirte‹, vielmehr besagt der Artikel, daß der Herr urbildlich ausdrückt, was zum rechten Hirten gehört...« A. THOLUCK, »Kommentar zum Evangelium Johannis«, Hamburg 1844; zu Joh. 10 11–13.

49 »Briefe über das Johannes-Evangelium«, Stuttgart 1954, S. 175.

50 »Die *Ich-Bin-Worte* des Johannes-Evangeliums setzen sich zusammen aus 4 Gegnerworten: *Brot, Licht, Tür* und *Hirte* und 3 Jüngerworten: *Auferstehung und Leben, Weg, Wahrheit und Leben, Weinstock.*
Sie sind eingerahmt von dem *Wort vom Brot (exoterisch)* und dem *Wort vom Wein (esoterisch).*

Das erste folgt auf das Speisungswunder, das zweite folgt auf Fußwaschung und Abendmahl in den Abschiedsreden.« Aus EMIL BOCK, »Das Evangelium. Betrachtungen und Übersetzungen«, 21. Betrachtung S. 18.

51 siehe RUDOLF STEINER, »Der Orient im Lichte des Okzident« 6. Vortrag, Dornach 1960.

52 Die 36 Ich-Bin-Sätze gliedern sich in folgende Gruppen:

12 Ich-Bin-Worte mit Attribut (das sind die sieben großen Ich-Bin-Worte, eingerechnet ihre Wiederholungen, sofern sie aus dem Munde Jesu erfolgen).

12 Ich-Bin-Worte ohne weiteres Attribut (aus dem Munde Jesu);

6 Nebensatz-Wendungen (εἰμὶ ἐγώ) aus dem Munde Jesu;

6 Ich-Bin-Worte aus dem Munde anderer Menschen (die Sätze 1 20, 1 27, 3 28, 6 41, 9 9, 18 35).

Zeigt sich schon in dieser Gruppierung der 36 Ich-Bin-Sätze ein deutliches Vorherrschen der Sechszahl, so offenbart die folgende Aufstellung aller 36 Ich-Bin-Vorkommen abermals die Sechszahl als ordnendes Prinzip, indem jeder sechste Satz ein besonders wichtiges Ich-Bin-Vorkommen enthält. Diese Sätze (in der Übersicht *kursiv*) bilden einen Rhythmus: In zwei Dreiheiten treten sie auf; jeweils die ersten beiden enthalten eines von den großen Ich-Bin-Worten: (6. Satz: Brot des Lebens, 12. Satz: Licht der Welt, 24. Satz: Auferstehung und Leben, 30. Satz: wahrer Weinstock), während der 18. und der 36. Satz das Ich-Bin in seinem Gegensatz zum herkömmlichen Judentum (»Vor Abraham ...«) und im Gegensatz zum Römertum (»Ein König bin ich«) charakterisieren.

Die 36 Ich-Bin-Vorkommen

1 20 nicht bin ich der Christus
1 27 dessen ich nicht würdig bin
3 28 nicht bin ich der Christus
} gesprochen von Johannes
4 26 Ich bin es, der zu dir spricht
6 20 Ich bin, fürchtet euch nicht
6 35 *Ich bin das Brot des Lebens*
6 41 Ich bin das Brot, das herabsteigt (gesprochen von den Juden)
6 48 Ich bin das Brot des Lebens
6 51 Ich bin das Brot, das Lebende
7 34 dort wo ich bin, könnt ihr nicht hingelangen
7 36 dort wo ich bin, könnt ihr nicht hingelangen
8 12 *Ich bin das Licht der Welt*
8 18 Ich bin, der als Zeuge auftritt
8 23 Ich bin von oben
8 23 Ich bin nicht von dieser Welt
8 24 wenn ihr nicht vertraut, daß Ich bin
8 28 Ihr werdet erkennen, daß Ich bin
8 58 *vor Abraham war das Ich bin*
9 9 Jener sprach, Ich bin (gesprochen von dem Blindgeborenen)
10 7 Ich bin die Tür
10 9 Ich bin die Tür
10 11 Ich bin der Hirt, der rechte

10 14 Ich bin der Hirt, der rechte
11 25 *Ich bin die Auferstehung und das Leben*
12 26 Wo ich bin, dort wird auch mein Diener sein
13 19 auf daß ihr glaubet, daß Ich bin
14 3 auf daß, wo ich bin, auch ihr sein könnt
14 6 Ich bin der Weg und die Wahrheit und das Leben
15 1 Ich bin der Weinstock, der wahre
15 5 *Ich bin der Weinstock*
17 24 Ich will, daß dort, wo ich bin, auch jene seien
18 5 Ich bin
18 6 Als er zu ihnen sagte: Ich bin
18 8 Ich sagte euch, daß Ich es bin
18 35 Pilatus sagte: Bin ich etwa ein Jude? (gesprochen von dem Römer)
18 37 *Du sagst es: ein König bin ich*

53 Nicht unbeachtet bleiben darf hier die Tatsache, daß die Ausdrücke »glauben« und »leben« je dreimal vorkommen:
»Der dreimaligen Abstufung von ›glauben‹ entspricht das dreimalige ›erlebt‹ (4 50, 51, 53)«. Wilhelm Wilkens, »Die Entstehungsgeschichte des 4. Evangeliums«, Zollikon 1958, S. 42.

54 In Apg. 27 wird geschildert, wie Paulus durch seine im nächtlichen Gebet gewonnene Sicherheit es bewirkt, daß trotz des Schiffbruchs alle Insassen gerettet werden; vergleichbar ist auch, was *Goethe* in seiner »Italienischen Reise« unter dem 14. Mai 1787 beschreibt, als er den die Katastrophe fürchtenden Fahrgästen bei der Überfahrt von Sizilien nach dem Festland nahelegt, zunächst die innere Ruhe herzustellen: »Kehrt in euch selbst zurück und dann wendet euer brünstiges Gebet zur Mutter Gottes, auf die es ganz allein ankommt, ob sie sich bei ihrem Sohn verwenden mag, daß er für euch tue, was er damals für seine Apostel getan, als auf dem stürmenden See Tiberias die Wellen schon in das Schiff schlugen ...« Mit solchen Worten dringt er auf die Erweckung einer über die seelischen Wallungen gebietenden Kraft. Goethes eigene Reaktion läßt erkennen, daß er selbst diese Wendung vollzog: »Ich legte mich halb betäubt auf meine Matratze, doch aber mit einer gewissen angenehmen Empfindung, die sich vom See Tiberias herzuschreiben schien: denn ganz deutlich schwebte mir das Bild aus Merians Kupferbibel vor Augen. Und so bewährt sich die Kraft aller sinnlich-sittlichen Eindrücke jedesmal am stärksten, wenn der Mensch ganz auf sich selbst zurückgewiesen ist.«

55 Walter Grundmann, »Zeugnis und Gestalt des Johannes-Evangeliums«, Stuttgart 1960, S. 40.

56 »Die Stunde vor Sonnenaufgang und bei Hellwerden ist die eigentliche Stunde des Gebetes. Da hat der Gedanke noch Flügelkraft, sich zum Äther aufzuschwingen. Wären wir durch die Zivilisation nicht so bequem geworden, würden wir jeden Tag vor Aufgang der Sonne aufstehen und das Erscheinen des Gestirns mit dem entsprechenden inne-

ren Vorgang begleiten. ... Die Dämmerungen am Morgen und am Abend sind die Zeiten, wo das gute Geistige uns nahe ist ...« EDUARD LENZ, »Aufbruch. Briefe und Aufsätze«, Stuttgart 1959, S. 168. Vgl. auch die Bemerkung des JOSEPHUS, die Essener würden sich jeden Morgen im Gebet an das Tagesgestirn wenden, »als wollten sie seinen Aufgang erflehen« (Bell. Jud. II § 128) sowie eine Stelle aus der *Weisheit Salomos:* »... man muß der Sonne zuvorkommen, um Dir Dank zu sagen, und Dir begegnen beim Aufgang des Lichts« (16 $_{28}$).

57 vgl. hierzu vor allem I. Kor. 8 $_{6}$ und Kol. 1 $_{15-17}$.

58 Nach PAUL SCHMIEDEL soll im jüdischen Synagogen-Gottesdienst anstelle des Jahwe-Namens nicht immer der Ausdruck »der Herr«, sondern zeitweilig »das Wort Gottes« verwendet worden sein: »Wenn man z. Z. des vierten Evangelisten in der Synagoge das hebräische Alte Testament in die damals übliche aramäische Landessprache von Palästina übertrug, setzte man statt des Namens Gottes, den auszusprechen man sich scheute, vielfach den Ausdruck ›das Wort Gottes‹, auch wo dies eigentlich gar nicht paßte.« Aus: »Das 4. Evangelium gegenüber den drei ersten«, Tübingen 1906, S. 111.

59 Nach LAZARUS GOLDSCHMIDT, »Das Buch der Schöpfung (Sepher Jesirah)«, Darmstadt 1969, S. 51 f.

60 Hinsichtlich der Weltentwicklungslehre sind folgende Schriften RUDOLF STEINERS wichtig:
»Die Geheimwissenschaft im Umriß«, Stuttgart 1948.
»Das Johannes-Evangelium« (Hamburg 1908), Dornach 1955.
»Das Johannes-Evangelium im Verhältnis zu den drei anderen Evangelien, besonders zu dem Lukas-Evangelium« (14 Vorträge in Kassel 1909), Dornach 1925.

61 RUDOLF STEINER, »Die Geheimnisse der biblischen Schöpfungsgeschichte«, 2. Vortrag, Dornach 1932, S. 23.

62 RUDOLF STEINER, »Die Geheimwissenschaft ...«, Stuttgart 1948, S. 194.
RUDOLF STEINER, »Das Johannes-Evangelium«, Dornach 1955, S. 55.

63 In jüngster Zeit ist aufgrund einer genauen Untersuchung der Handschrift festgestellt worden, daß Novalis ursprünglich »Unum« geschrieben hat. Die bisher angenommene Lesart »Amen des Universums« beruht auf einem Irrtum der ersten Herausgeber. Näheres hierüber bietet die neue Auflage der Novalis-Gesamtausgabe, herausgegeben von RICHARD SAMUEL: Band 2, Darmstadt 1965, S. VII der Einleitung sowie Band 3, Darmstadt 1968, S. 248.

64 Die Aussage eines Christen, der von der Liebe nicht nur redet, sondern sie auch als übergeordnetes Prinzip in seinem Handeln bestätigt, darf Anspruch auf Gültigkeit erheben. Wir besitzen das Zeugnis eines solchen Menschen, der sein Eintreten für den Weg der Liebe mit dem Hingeben seines Lebens besiegelte: *Martin Luther King*. Seinem eindeutigen Verhalten in der Rassenfrage entsprechen die klaren Gedanken, die er in seinen Schriften hinterlassen hat. Als er mit dem schwersten Problem

konfrontiert wurde, der aus den eigenen Reihen entstehenden, oftmals mit Gewalt vorgehenden Black-Power-Bewegung, schrieb er: »Eines der größten Probleme der Geschichte ist es, daß die Begriffe Liebe und Macht gewöhnlich als polare Gegensätze gegenübergestellt werden. Liebe wird mit dem Verzicht auf Macht und Macht mit der Verneinung der Liebe identifiziert. Diese Fehlinterpretation war es, die Nietzsche, den Philosophen des ›Willen zur Macht‹, veranlaßte, den christlichen Begriff der Liebe zu verwerfen. Dieselbe Fehlinterpretation war es, die christliche Theologen dazu verleitete, Nietzsches Philosophie des ›Willen zur Macht‹ im Namen der christlichen Idee der Liebe zu verwerfen. Was wir brauchen, ist die Erkenntnis, daß Macht ohne Liebe rücksichtslos und schimpflich ist und daß Liebe ohne Macht sentimental und blutleer ist. Macht im besten Sinne ist Liebe, die die Forderungen der Gerechtigkeit erfüllt. Gerechtigkeit im besten Sinne ist Liebe, die alles ändert, was sich der Liebe entgegenstellt.« Aus »Wohin führt unser Weg?« Fischer-TB Nr. 937, Hamburg 1968, S. 34 f.

65 In welcher Art die Liebe als Zusammenfassung der übrigen Errungenschaften vorzustellen ist, kann aus folgender Überlegung klarwerden. In der ältesten Entwicklungsphase wurde die Anlage zum physischen Leibe und damit zur Betätigung des *Willens* geschaffen. In der zweiten Phase kam der Bildekräfteleib hinzu als Grundlage für das *Fühlen* und in der dritten Phase der Seelen- (oder Astral-)leib als Grundlage für das *Denken*. Dabei ist zu berücksichtigen, daß die genannten Seelenkräfte des Wollens, Fühlens und Denkens erst innerhalb der irdischen Entwicklungsphase in Erscheinung traten; die vorirdischen Zustände gaben lediglich die Grundlagen für sie her: »Wenn Sie an die Saturnmission vorzugsweise die Einprägung des Willens anknüpfen, an die Sonnenmission vorzugsweise die Einprägung des Gefühlselementes, an die Mondmission vorzugsweise die Einprägung des Gedankenelementes – also dasjenige, was im menschlichen Astralleibe ist –, so hat man an den Erdenplaneten die Mission zu knüpfen, ein vollständiges Gleichgewicht dieser drei Elemente zu bewirken, das Gleichgewicht dieser drei Elemente herzustellen, von denen jedes während eines der früheren Zustände unseres Planeten die Oberhand hatte, so daß im Gleichgewichtszustande zusammenwirken diese drei Elemente, von denen jedes die Hegemonie hatte in einer der früheren Verkörperungen der Erde. Zum Stillstand zu bringen den Kampf dieser Elemente dadurch, daß sie in das richtige Gleichgewichtsverhältnis gebracht werden, das ist die Erdenmission. Der Mensch ist hineinverwoben in diese Erdenmission, um dieses Gleichgewicht zuerst in seinem eigenen Innern aus Denken, Fühlen und Wollen aufzubauen. – Der Mensch ist zunächst berufen, in seinem Innern das Gleichgewicht zwischen Denken, Fühlen und Wollen herzustellen, wodurch er von sich ausstrahlen und übertragen kann auf die Erde das, was dieses Gleichgewicht von Denken, Fühlen und Wollen bedeutet. – Das Geheimnis dieser Mission spricht sich dadurch

aus, daß durch dieses Zusammenwirken, durch dieses Gleichgewicht der drei Kräfte das Innere tatsächlich produktiv Neues wirkt. Es wird dadurch wahrhaftig ein viertes Element erzeugt zu den drei vorhergehenden, und dieses vierte Element ist *das Element der Liebe.* Die Liebe kann im Weltgetriebe sich nur entwickeln, wenn ein absolutes Gleichgewicht der drei in früheren Zeiten abwechselnd die Hegemonie führenden Kräfte eintritt.« R. Steiner, »Die Mission einzelner Volksseelen«, Dornach 1962, S. 94 f.

66 So Ethelbert Stauffer im Theologischen Wörterbuch zum NT (Artikel ἀγάπη), Stuttgart 1933: »Die johanneische ἀγάπη ist ganz ausgesprochen die herabsteigende Liebe ..., nicht genug, sie ist eine himmlische Wirklichkeit, die gewissermaßen von Stufe zu Stufe sich niedersenkt in diese Welt. Diese kosmische Realität aber kommt zu Offenbarung und Sieg in sittlicher Tat ... Die Welt des Lichtes und Lebens kommt innerhalb dieser Erdenwelt zur Durchsetzung in der Form der Liebe. Darum kann Johannes nicht nur, er muß den Tatcharakter der ἀγάπη betonen, im Christusleben so gut wie im Christenleben.«

67 vgl. hierzu den »Chor der Engel« am Ende von Goethes Faust:

Was euch nicht angehört,
Müsset ihr meiden,
Was euch das Innre stört,
Dürft ihr nicht leiden.
Dringt es gewaltig ein,
Müssen wir tüchtig sein,
Liebe nur Liebende
Führet herein!

68 Gertrud Spörri hat das Wort philein in seiner Bedeutung bei Homer untersucht und ist zu einem Ergebnis gelangt, das unseren Beobachtungen entspricht: »Die erste Liebe, von der die Ilias singt, ist Liebe zwischen Eltern und Kindern, ganz gleich, ob Vater, Mutter, Sohn und Tochter Götter oder Menschen sind. Vom ersten bis zum letzten Gesang begleitet das ausschmückende Beiwort phil- lieb als Grundton die Dichtung ... Die stete Wiederholung des Wortes ist zweifellos mehr als eine sprachlich spielerische Liebhaberei. Sie weist auf eine Empfindung, die sie eindrücklich zur Geltung bringen will: auf das Erleben der Verbundenheit.«
»*Philein*-lieben spricht von der Innigkeit natürlicher Verbundheit ...« »Uroffenbarungen der Liebe im Werden der Menschheit«, München 1965, S. 124 und 125.

69 Treffend beschreibt Martin Luther King den Unterschied zwischen den verschiedenen Arten der Liebe:
»Philia kennzeichnet eine auf Gegenseitigkeit beruhende Liebe. Man liebt, weil man geliebt wird ...
Agape bedeutet verstehender, erlösender guter Wille allen Menschen gegenüber. Sie ist eine überströmende Liebe, die völlig freiwillig, unmo-

tiviert, grundlos und schöpferisch ist. Sie wird nicht durch irgendeine gute Eigenschaft oder Leistung ihres Objekts ausgelöst. Sie ist die Liebe Gottes, die im Herzen des Menschen wirkt.« »Freiheit«, Kassel 1964, S. 80.

70 Was WALTER NIGG etwas zu rasch verallgemeinernd über das Verhältnis von Liebe und Erkennen sagt, besitzt volle Gültigkeit für diese sechste Stufe der Agape-Entfaltung: »Johannes war der erste im Erkennen, weil er das Evangelium als Liebe erfaßte. Liebe erkennt und Erkennen liebt, eines nicht ohne das andere. Ihre Kommunikation ist für die johanneische Wesensart charakteristisch.« Aus: »Botschafter des Glaubens«, Olten 1968, S. 171.

71 In der Symbolik steht bisweilen für den Wein als Bild der Fisch. Daraus wird verständlich, daß bei der Speisung der Fünftausend einerseits von »Fischen« die Rede ist und nicht von Wein, andererseits aber in der anschließenden Rede ganz unbefangen neben dem Essen vom »Trinken« gesprochen wird:
»Wenn ihr nicht esset ... und trinket sein Blut, so habet ihr kein Leben in euch selbst« (6 53).

72 »Nicht im Wort allein sprach er den Menschen vom göttlichen Reich: Heiltaten stellte er unter die Menschen hin wie Bilder des Lebens ... Durch Werk und Wort aber schenkte er sein Wesen, die lichtheilige Liebe, eine neue Welt inmitten der alten Welt ...
In der Dreiheit von Wort, Werk und Wesen ist Christus einst unter den Menschen erschienen. In dieser Dreiheit will er ihnen auch heute erscheinen.« Aus: »Welterneuerung«, Stuttgart 1925, S. 10.

73 RUDOLF STEINER antwortete einmal auf die Frage, wie sich Christus bei seiner Wiederkunft uns Menschen verständlich machen werde: »Die Menschen werden wie durch ihr eigenes Herz diese Trostworte fühlen. Es kann sich auch wie physisches Hören ausnehmen.« Aus der Fragenbeantwortung zu dem Vortrag »Die Ätherisation des Blutes« vom 1. Oktober 1911; Stuttgart 1949, S. 28.

74 W. GRUNDMANN, a. a. O. S. 13.

75 Über dieses siebenfache Erleben des Ich hat RUDOLF STEINER folgendes ausgeführt: »Der Mensch würde sein Ich in einer Siebengliedrigkeit empfinden, wovon eines das Hauptglied wäre, das dem Jahve entspricht, und die anderen sechs wären zunächst Nebenglieder für den Menschen. Diese Siebengliedrigkeit, die der Mensch als sein Ich empfinden würde wie Hereinragungen der sieben Elohim oder Geister der Form, die würde dem Menschen ursprünglich, wenn sein Blut durch Luzifer nicht verdorben worden wäre, das beigebracht haben, was wir uns jetzt mit großer Mühe wieder aneignen als siebengliedrige Menschennatur.« In: »Die Welt der Sinne und des Geistes« aus dem 5. Vortrag vom 31. 12. 1911 in Hannover; Dornach 1959, S. 99.

76 Die hier gemeinte Stelle aus dem siebenstrophigen Hymnus lautet in der Übersetzung GOETHES:

Du siebenfaltiger Gabenschatz,
Du Finger Gottes rechter Hand,
Von ihm versprochen und geschickt
Der Kehle Stimm und Rede gibst.

77 »Agape ist keine schwache, passive Liebe. Sie ist eine tätige Liebe, eine Liebe, die danach trachtet, Gemeinschaft zu schaffen und zu erhalten, auch wenn man sie zerstören will. Sie ist bereit, Opfer zu bringen und alles zu tun, um die Gemeinschaft wiederherzustellen ... Die Auferstehung ist ein Symbol des Sieges Gottes über alle die Mächte, die die Gemeinschaft zu verhindern suchen. Der Heilige Geist ist im Verlauf der Geschichte die Realität, die ständig Gemeinschaft schafft. Wer gegen die Gemeinschaft handelt, handelt gegen die ganze Schöpfung. Wenn ich daher Haß mit Haß begegne, vergrößere ich nur die Kluft in der zerbrochenen Gemeinschaft. Ich kann diese Kluft nur so schließen, daß ich Haß mit Liebe begegne. Wenn ich Haß mit Haß begegne, werde ich entpersönlicht, weil sich meine Persönlichkeit nach dem Schöpfungswillen Gottes nur innerhalb der Gemeinschaft entwickeln kann.« M. L. KING: »Freiheit«, Kassel 1964, S. 81.

78 »Das Wort Ich kann niemand sprechen als Gott allein. – Das ist ganz gewiß eines der tiefsten Worte Meister Eckhardts. Aber mir scheint, es müßte für unsere Zeit ergänzt werden durch die Umkehrung: Das Wort Gott kann niemand sprechen als das Ich allein, das liebende Ich versteht sich; das begehrende ist in Wahrheit ein Irrtum. Wir setzen die Natur an Gottes Stelle. Ich-loses kann nicht lieben. So wie jeder Stern Himmel sagt, so jedes Ich: Liebe.« Aus: MARG. MORGENSTERN »Michael Bauer – ein Bürger beider Welten«, München 1950, S. 64.

79 »Der Christus stellt dar das Herabkommen der geistigen Liebeskraft in unsere Erde, die heute erst im Anfange ihres Wirkens steht. Wenn wir diesen Gedanken weiter verfolgen werden an der Hand des Johannes- und des Lukas-Evangeliums, dann werden wir sehen, wie gerade der Nerv des Christus-Impulses die geistige Liebe ist, wie dadurch die Iche, die getrennt worden sind, immer mehr und mehr zusammengeführt werden, aber in bezug auf das Innerste ihrer Seelen. Die Menschen haben von Anfang an nur ahnen können, was der Christus für die Welt geworden ist; und heute ist noch wenig, wenig davon verwirklicht, denn das Sondernde, die Nachwirkung der luziferischen Gewalten, ist noch immer da, und das Christus-Prinzip hat erst kurze Zeit gewirkt. Und wenn man auch heute auf gewissen äußeren Partien des Lebens ein Zusammengehen sucht, für die intimsten, für die wichtigsten Dinge ahnen die Menschen noch gar nicht einmal – höchstens mit dem Gedanken, mit dem Intellekt, und das ist das Wenigste –, was Harmonie und Zusammenklingen der Seelen ist. Es ist wirklich so, daß das Christentum erst am Anfang des Wirkens steht, es wird immer weiter in die Seelen hineindringen und das Ich immer mehr und mehr veredeln.« Aus dem 6. Vortrag des Kasseler Zyklus »Das Johannes-Evangelium

im Verhältnis zu den drei anderen Evangelien« von RUDOLF STEINER, Dornach 1925, S. 152 f.

80 CARL HERMANN BRUDER, »Ταμιεῖον τῶν τῆς καινῆς διαθήκης λέξεων sive Concordantiae ... NT graeci«, Leipzig 1853.
Nach dem Nestle-Text sind es einige Stellen weniger, da hier öfter die zusammengezogene Form κἀγώ auftritt als in den Texten von Tischendorf, Tregellesius und Westcott-Hort, die Bruder zur Grundlage seiner Konkordanz gedient haben. Bei wesentlichen Unterschieden beziehen wir uns in unserer Untersuchung auf Bruders Konkordanz. – Die Wörter »glauben« und »lieben« sind von solchen Unterschieden nicht betroffen.

81 Durch die 144 bekommt die 44, die wir als Zahl der Agape-Stellen fanden, einen tieferen Sinn. Wir betreten hier den Boden der alten Zahlensymbolik, die in den Zahlen nicht die Bezeichnung einer Menge, sondern eines bestimmten Wertes sah. Die Zahl 44 drückt im Sinne des französischen Mystikers *Saint-Martin*, eines der bedeutendsten Vertreter der Zahlen-Symbolik, das Geheimnis des Menschen in der Dualität von Mann und Frau aus. Die Zahl 44 läßt noch offen, ob es sich um eine Verbindung handelt, die nach leiblicher Vereinigung zur Hervorbringung eines physischen Nachkommen strebt (»und die beiden werden ein Leib sein«), oder ob sich diese Gemeinsamkeit als eine geistige Einheit versteht. In Ziffern ausgedrückt: ob aus der 4 – 4 eine 4 – 4 – 1 wird oder eine 1 – 4 – 4. Diese Zahl ergibt in der Quersumme neun. Daraus erklärt sich, was gemeint ist, wenn Saint-Martin sagt, der Mensch sei aus der Vier in die Neun geraten und müsse den Weg von der Neun zur Vier zurückfinden. So heißt es in dem Erstlingswerk »Des erreurs et de la vérité« von Louis Claude de Saint-Martin: »Der Ort, von wo der Mensch ausgegangen ist, ist mit so vieler Weisheit angelegt, daß der Mensch, wenn er wieder zurückgeht, wo er hergekommen ist, durch eben die Wege, die ihn verführt haben, unfehlbar wieder gelangt zu dem mittelsten Punkte des Waldes, in dem er allein den Genuß einiger Kraft und einiger Ruhe haben kann. In der Tat, er ist auf Abwege geraten, indem er von Vier zu Neun ging, und er wird sich immer nicht wiederfinden können, als wenn er von Neun zu Vier geht.« Ausgabe des Verlags »Der kommende Tag«, Stuttgart 1925, S. 38.
Das 1775 erschienene Werk wurde von MATTHIAS CLAUDIUS ins Deutsche übersetzt und 1782 unter dem Titel »Irrtümer und Wahrheiten« veröffentlicht. Die für unseren Zusammenhang wichtigen Stellen des schwer zugänglichen Werkes finden sich sämtlich bei ERNST BINDEL, »Die geistigen Grundlagen der Zahlen«, Stuttgart 1958, S. 10 ff. und S. 227 ff.

82 Das Matthäus-Evangelium weist eine Einteilung in neun größere Abschnitte auf, entsprechend der Gliederung des Vaterunsers in Anrede, sieben Bitten und Beschluß. Eine Darstellung der Architektur des Matthäus-Evangeliums findet sich in der Zeitschrift »Die Christengemeinschaft«, 40. Jahrgang, S. 300 ff. (Stuttgart, Oktober 1968).

83 RUDOLF STEINER beschreibt die vier Lebewesen, die nach der Apo-

kalypse den Thron der Gottheit umgeben, als die vier Weltmächte: »Sie sind die vier Hauptweltmächte, die durch das Christentum eine neue Führung erhalten sollen: der Krieg (Löwe), die friedliche Arbeit (der Stier), die Gerechtigkeit (das Wesen mit dem Menschenantlitz) und der religiöse Aufschwung (der Adler).« In: »Das Christentum als mystische Tatsache und die Mysterien des Altertums«, Stuttgart 1949, S. 105.

84 Aus dem Matthäus-Kommentar des *Origenes* zitiert Eusebius in seiner Kirchengeschichte folgenden Satz: »Als drittes wurde geschrieben das Evangelium nach Lukas, der es nach Approbation durch Paulus an die Gläubigen aus der Heidenwelt richtete, zuletzt das Evangelium nach Johannes.« (Hist. eccl. VI $_{25}$).

Und aus *Irenäus* hat Eusebius eine ähnliche Kenntnis: »Matthäus hat bei den Hebräern in deren Muttersprache ein Evangelium geschrieben, während Petrus und Paulus in Rom das Evangelium verkündeten und die Kirche begründeten. Nach dem Tode dieser beiden Apostel hat uns Markus, der Schüler und Dolmetscher des Petrus, das, was Petrus predigte, ebenfalls schriftlich überliefert. Lukas, der Begleiter des Paulus, hat das von Paulus verkündete Evangelium niedergeschrieben. Endlich hat Johannes, der Schüler des Herrn, der auch an dessen Brust geruht, während seines Aufenthaltes zu Ephesus in Asien sein Evangelium herausgegeben.« (Hist. eccl. V $_{8}$).

85 So führt O. Zurhellen die Ähnlichkeit zwischen Lukas und Johannes zurück auf eine gemeinsame Tradition in *Antiochien* (»Die Heimat des 4. Evangeliums« in »Theolog. Arbeiten des rheinisch-westfäl. Predigervereins«, 1909, S. 33 f.), Bernhard Weiss auf eine Tradition in *Judäa*, die von Paul Feine genauer lokalisiert wird auf *Jerusalem* (»Einleitung ins NT«, 1913, S. 185).

Julius Schniewind kommt aufgrund einer ganzen Reihe von Einzeluntersuchungen zu dem einhelligen Ergebnis, daß viele Übereinstimmungen bei Lukas und Johannes zwar nicht auf eine literarische Vorlage zurückgehen, sondern viel eher auf eine gemeinsame mündliche Tradition: »Die Berührung zwischen Lukas und Johannes ist zu erklären aus einer gemeinsamen Tradition mündlicher Erzählungen« (»Die Parallelperikopen bei Lukas und Johannes«, Darmstadt 1958, S. 96 und öfter; Erstauflage 1914).

Darüber hinaus weist J. Schniewind darauf hin, daß von allen vier Evangelien nur bei Matthäus Pilatus als ὁ ἡγεμών vorgestellt wird (S. 77); die anderen setzen diese Kenntnis bei ihren Lesern bereits voraus.

Theodor Zahn betont, daß die abgekürzte Schilderung von der Entdeckung des leeren Grabes durch Maria Magdalena in Joh. 20 $_{2}$ nur derjenige verstehen könne, der die Schilderungen der übrigen Evangelisten kenne (»Einleitung in das NT«, II. Bd. S. 511).

Und Adolf von Harnack sieht im Johannes-Evangelium eine Art Vereinigung der Ideen, welche die anderen Evangelien enthalten:

»Haben wir Johannes einen verklärten Matthäus genannt, weil er den lehrhaften und apologetischen Zweck mit ihm teilt, so kann man ihn ebensowohl einen verklärten Markus und Lukas nennen; denn mit jenem stimmt er in der dominierenden Absicht überein, die Gottessohnschaft Jesu ans Licht zu stellen, und wie dieser will er Jesus als den Heiland (der Welt) durch eine geschichtliche Erzählung gegenüber den ungläubigen Juden und Johannesjüngern dartun. Die drei Hauptzwecke der Synoptiker finden sich also sämtlich bei Johannes wieder. *Das kann nicht zufällig sein.* Von hier aus erklärt sich *eines* der großen Probleme, welche das Buch bietet.« Aus: »Lukas der Arzt«, Leipzig 1906, S. 119 (Anm.).

86 »Unverkennbar ist die synoptische Tradition ihm geläufig. Er setzt sie voraus ... Verdrängen will er sie keineswegs ... Wohl aber will er korrigieren ...« HERMANN STRATHMANN, »Das Evangelium nach Johannes«, NT Deutsch II, Göttingen 1968, S. 4 f.

87 »Keinesfalls handelt es sich darum, daß etwa der Johannesevangelist die Berichte der anderen Evangelisten nicht kennen würde. Man kann das Gegenteil beweisen. Auch nicht, daß er sie verneine. Es ist in der modernen Theologie Sitte geworden, überall hinter den Aussagen des Johannes-Evangeliums eine versteckte Polemik gegen andere Strömungen zu entdecken oder gar ein Überbietenwollen der anderen Evangelien aus seiner Darstellung herauszuhören. Man verbaut sich durch eine solche psychologisierende Betrachtungsweise völlig den Zugang zu den Sphären, aus denen heraus dieses Evangelium redet.« In: RUDOLF MEYER »Die Wiedergewinnung des Johannesevangeliums«, Stuttgart 1962, S. 123 f.

88 »Vergebens fragt man sich, wo Johannes dies (nämlich die Salbung) schon erzählt habe« (zu Joh. 11 1).
SCHMIEDEL geht so weit, nicht einmal das in Lukas 7 37 Berichtete als von Johannes vorausgesetzt zu erkennen, da es ihm nicht in den Einzelheiten genau genug zu Joh. 11 1 paßt (»Das 4. Evangelium gegenüber den drei ersten«, Tübingen 1906, S. 62).

89 K. A. ECKHARDT, »Der Tod des Johannes ...«, Berlin 1961, S. 168.

90 »Die Szene ist das Ufer des galiläischen Sees, ohne daß von einer Wanderung der Jünger von Jerusalem nach Galiläa berichtet worden wäre.« R. BULTMANN, »Das Evangelium des Johannes«, Göttingen 1952, S. 547.

91 vgl. M. DIBELIUS, »Geschichte der urchristlichen Literatur«, Bd. I, S. 77.

92 »Die Erzählung ist hier abgekürzt und muß aus den ersten Evangelien ergänzt werden. Eben weil Johannes auf diese Ergänzung rechnete, durfte er die Abkürzung vornehmen, und es ist nicht seine Schuld, wenn diejenigen sich in dieselbe nicht finden können, welche sein Verhältnis zu den ersten Evangelien, gegen die von ihm deutlich gegebenen Winke, verkennen. – Während Jesus bei Matthäus mit den Jüngern überhaupt redet, verhandelt er hier mit Philippus und Andreas. Von einem Widerspruch gegen die ersten Evangelien kann nicht die Rede sein.« E. W. HENGSTENBERG a. a. O., Bd. I, S. 344.

93 z. B. zu Kap. 6 67: »Das plötzliche Hervortreten der zwölf Apostel hier, in geschlossener Zahl, zeigt, daß Johannes die früheren Evangelisten voraussetzt, welche über die Einsetzung und die Namen dieser Zwölfe berichten« (a. a. O., Bd. I, S. 414).

94 Es handelt sich um ein Papyrusfragment mit Satzteilen aus Joh. 18, das seiner Handschrift nach in die ersten Jahrzehnte des 2. Jahrhunderts gehört; von C. H. ROBERTS 1935 veröffentlicht; John Rylands Library in Manchester.

95 Die Beobachtung, daß im Johannes-Evangelium die Verbformen überwiegen, korrespondiert mit dem Hinweis Rudolf Steiners, für das nachtodliche Bewußtsein gingen am ehesten die Substantivformen verloren, Tätigkeitswörter und Ausrufe jedoch blieben am längsten verständlich; es ergibt sich daraus eine Erklärung dafür, daß zum Vorlesen für Verstorbene das Johannes-Evangelium in besonderem Maße geeignet ist.

96 Auch Sprechchöre verdanken ja ihre Kraft weniger dem Inhalt als dem Rhythmus.

97 ANNA KATHARINA EMMERICH, »Das arme Leben unseres Herrn Jesu Christi«, Auswahl aus den Tagebüchern des Clemens von Brentano von Theo Rody, Band 1, Aschaffenburg 1954, S. 543.

98 EMIL BOCK 18. Evangelienbetrachtung, »Das Speisungswunder«, Stuttgart o. J., S. 12.

99 Nach BULTMANN, »Das Evangelium des Johannes«, Göttingen 1952, hat die genaue Zahlenangabe »einen allegorischen Sinn«: »Dieser kann kaum ein anderer sein als der, daß die Menge der Fische die Menge der durch die apostolische Predigt gewonnenen Gläubigen abbildet, wie es dem alten Bilde vom Menschenfischer entspricht.« (S. 549).

100 HIERONYMUS, »Kommentar zu Ezechiel«.

101 VAN DEN BERG VON EYSINGHA ZNTW 13 (1912), S. 296 f.

102 Alle Vorkommen der Wörter »glauben« und »ich bin« finden sich *vor* dem letzten Kapitel. Das Auftreten der 153 würde dann, als Zusammenfassung der beiden Ausdrücke, dokumentieren, daß das »Ich« der Jünger zum persönlichen Einsatz des »Bekennens« herangereift ist. Auf dieser Grundlage kann sich nach dem Fischfang und dem Mahl das Gespräch des Auferstandenen mit Petrus über die Agape entfalten.

103 G. ELLERT, »Die schweigenden Jahrhunderte«, beschreibt (S. 181), wie bei dem Kirchenvater Ambrosius zuerst beobachtet worden sei, daß er las, ohne die Lippen zu bewegen, im Unterschied zu dem Kämmerer in Apg. 8, welcher laut las, so wie es damals allgemein üblich war.

104 ZNTW 1928.

105 »Die heilige Zahl im Johannes-Evangelium«, Stuttgart 1933.

106 Auch in den anderen Evangelien erreicht das Wortergreifen Christi eine Häufigkeit, die von der des Johannes-Evangeliums nicht weit entfernt ist. Im Matthäus-Evangelium hebt er 140mal zu sprechen an, bei Markus 133mal und bei Lukas 176mal (= 11×16).

107 »Es hat mir einen starken Eindruck gemacht, in Neuendettelsau einen alten Bauern kennenzulernen, der (1899) noch ganze Predigten des

Pfarrers Wilhelm Löhe, der 1872 gestorben war, fast wörtlich im Gedächtnis hatte.« »Via Vitae«, Kassel 1968, S. 39.

108 Thomas von Aquin, »Catena aurea« und Augustinus, »Tractat 122 in Johannem«.

109 In die Reihe der »Weihe-Zahlen« gehört übrigens auch die aus der Apokalypse des Johannes bekannte Zahl 666; sie ist die Summe aller Zahlen von 1-36.

110 Rudolf Schnackenburg im Herder-Lexikon, Art. Johannesevangelium.

111 Walther von Loewenich.

112 F.-M. Braun, »Jean le Théologien et son évangile dans l'église ancienne«, Paris 1959.
s. auch RGG Artikel Johannesevangelium von R. Bultmann.

113 So von R. Schnackenburg, R. Bultmann und Eduard Schweizer.

114 R. Bultmann läßt diese Perikope in seinem Johannes-Kommentar überhaupt weg.

115 »Ego eimi«, Göttingen 1956, S. 108. Doch Wilhelm Wilkens möchte mit dem letzten zugleich auch das vorletzte Kapitel zu einem großen Teil ausklammern (20 3–10 und 21): »Sie haben ja mit der Komposition des Evangeliums nichts zu schaffen, sondern verfolgen ein kirchenpolitisches Interesse.« »Die Entstehungsgeschichte des 4. Evangeliums«, Zollikon 1958, S. 164.

116 »Nach dem redaktionellen Nachtrag c. 21 wäre der Verfasser des Joh.-Ev. ein Augenzeuge gewesen, und zwar der »Lieblingsjünger«, dessen rätselhafte Gestalt 13 23, 19 26 f., 20 2–10 begegnet und der auch in der redaktionellen Glosse 19 35 gemeint sein wird ... so ist doch soviel sicher, daß der Verfasser des Joh.-Ev. nicht der Zebedaide Johannes und überhaupt nicht ein Augenzeuge gewesen ist.« R. Bultmann in RGG. Dem entgegen steht die Meinung des katholischen Theologen Rudolf Schnakkenburg: »Als Verfasser wird der Zebedaide vermutet trotz Einwänden« (Herder-Lexikon).

117 Der Name »Lazarus« wird ebenfalls erst von hier an gebraucht (insgesamt 11 mal), der Ausdruck »der Jünger, den Jesus liebte« begegnet uns 6 mal (4 mal mit ἀγαπᾶν, 2 mal mit φιλεῖν). Der Name »Johannes« wird entsprechend nur in der ersten Evangelienhälfte, vor dem Lazaruskapitel, verwendet, und zwar nie zur Bezeichnung eines Jüngers, sondern ausschließlich Johannes des Täufers. Den 21 Vorkommen seines Namens sind die 13 ebenfalls der ersten Evangelienhälfte vorbehaltenen Erwähnungen von βαπτίζειν = taufen an die Seite zu stellen.

118 Die alte griechische Einteilung des Johannes-Evangeliums umfaßte 18 Abschnitte. Die zahlenmäßige Nähe zu unserer Einteilung ist rein zufällig. Da die Länge der Abschnitte in der alten Einteilung außerordentlich verschieden ist (zwischen einem einzigen Vers und mehreren Kapiteln schwankend), scheint sie gleich anderen Einteilungen rein willkürlich vorgenommen worden zu sein. Nur an zwei Stellen stimmt sie mit unserer Einteilung überein: in Kap. 9 1 und 19 38.

119 Johannes Behm sieht die Herkunft der johanneischen Terminologie,

Formelsprache und Stilbildung in der sog. »Priestertradition« (Theol. Literaturzeitung 1948, Sp. 26 ff.), ähnlich Ethelbert Stauffer (Theolog. Literaturzeitung 1956, Sp. 145); W. Wilkens, J. Schneider, Howard; und Rudolf Bultmann in seinem Johannes-Kommentar. Am gründlichsten ist diese Frage von Walter Grundmann behandelt worden (a. a. O. S. 31 ff.).

120 In seinem »Italienischen Konzert« hat Joh. Seb. Bach mit Absicht die alte Kompositionsweise der italienischen Schule demonstriert. Die Beschäftigung mit dieser Art Mathematik führt zu einer Figur, die aus zwei ineinander verschlungenen gleichmäßigen Zahlenfolgen besteht. Beide erreichen die Zahl 49; die eine unter Überspringen von je 2, die andere unter Überspringen von je 3 Zwischenzahlen:

7 31

4 10 17 21 28 34 41 45

1 13 25 37 49

5 9 16 22 29 33 40 46

19 43

Als ein Teilstück dieser Kette erkennen wir die Ziffern 1, 5, 9, 13 und 17 wieder, welche die wichtigen Abschnitte des Johannes-Evangeliums bezeichnen. Die Abschnitte 5, 9 und 13 sind nicht nur die Mitten der einzelnen Teile des Johannes-Evangeliums; sie zeichnen sich zugleich aus durch gehäuftes Auftreten von Zeichentaten, Ich-Bin-Worten oder Agape-Zentren; die Abschnitte 1 und 17 sind ohnehin exponiert als Anfangs- und Schlußabschnitt des Evangeliums.
Die andere der beiden Zahlenreihen mit den Ziffern 1, 4, 7, 10, 13 und 16 führt uns zu einem anderen, bisher nicht betrachteten Zusammenhang. Sie beginnt mit der Jüngerfindung, führt zur Heilung des Gelähmten im 4., zur Begegnung mit der Ehebrecherin im 7. und zur Fußsalbung im 10. Abschnitt, um dann über das für beide Zahlenreihen wichtige Weinstock-Kapitel unmittelbar in die Auferstehungs-Schilderungen des 16. Abschnittes einzumünden. Diese Reihe, so scheint uns, zielt auf das Erwecken besonderer Aktivitäten. Erklingt im 1. Abschnitt der Aufruf: »Kommt und seht!«, so ergeht an den Gelähmten die Aufforderung: »Erhebe dich, nimm dein Lager auf und wandle«, und an die Ehebrecherin die Mahnung: »Gehe hin und vergehe dich nicht mehr.« – Der 10. Abschnitt bringt die Begegnung mit den Griechen, die den Aufruf des 1. Abschnittes aufzunehmen scheinen, indem sie zu Philippi sagen: »Wir wollen Jesus *sehen.«* Dies löst den Jubelruf Jesu aus: »Gekommen ist die Stunde!«, und läßt ihn sprechen von der Ausstoßung des Fürsten dieser Welt: Die Leiblichkeit, die aufrechte Gestalt des Menschen, ist fortan der Gewalt des Fürsten dieser Welt entzogen. – Das Motiv des »Sehens« taucht wieder auf im nächsten Abschnitt dieser Reihe, im Weinstock-Kapitel: »Noch eine kleine Zeit und ihr werdet mich nicht mehr sehen, und wiederum eine kleine Zeit und ihr werdet mich

sehen, denn ich gehe zum Vater« (16 17). – Der 16. Abschnitt führt zum neuen Sehen, zum Wahrnehmen des Auferstehungsleibes selbst. Der erste Mensch, der dieses Sehens teilhaftig wird, ist Maria von Magdala, die frühere Sünderin. Die Aufforderung, die der Auferstandene an sie richtet: *»Gehe hin* zu meinen Brüdern und sage ihnen: Ich steige auf zu meinem Vater und zu eurem Vater«, ist wie eine Fortsetzung dessen, was zu der Ehebrecherin gesagt wurde im 7. Abschnitt: *»Gehe hin* und sündige nicht mehr.« An die Stelle des geistverleugnenden Sichverlierens an die Erde und an die Triebnatur ist die Fähigkeit der Hingabe an das Höhere im Menschen und an den Christus getreten.

So schildert die Reihe der Abschnitte 1, 4, 7, 10, 13 und 16 den Weg der Seele, ihr Erwachen zu gesteigerter Hingabe, ihr Wachwerden für die Wahrheit und die Wirklichkeit des Geistigen, während die andere Reihe der Abschnitte 1, 5, 9, 13 und 17 die gnadenvolle Annäherung des Geistigen an den Bereich des Menschlichen darstellt: den Weg des Geistes zum Menschen, wie er sich im Sakrament von Brot und Wein und in der Schicksalsbeziehung, die der Tod erschließt (Lazarus!), vollzieht. Der Weg der Wahrheit, den die Seele zu gehen hat, und der Weg des Geistes, der dem Streben der Seele die Erfüllung schenkt: beide scheinen in diesen zwei Reihen beschrieben zu sein.

121 »Die Tatsache, daß überall in diesem Evangelium zahlenmäßige Ordnung herrscht, ermöglicht ... den Schluß, daß auch dieses Werk eine literarische Einheit bildet ... Es gibt zu denken, daß die Formel, die das Symbol der inneren Einheit des Werkes ist: ›Meine Stunde ist noch nicht gekommen‹, die am Ende sich in die triumphierenden Worte kleidet: ›Gekommen ist die Stunde‹, genau siebenmal begegnet (2 4, 7 4, 7 30, 8 20, 12 33, 13 1, 17 1) ... – es ist unter formalen Gesichtspunkten nicht möglich, dem vierten Evangelium die literarische Einheit abzusprechen ...«

Ernst Lohmeyer (»Über Aufbau und Gliederung des 4. Evangeliums«, ZNTW 29 (1928), S. 33).

122 Im neunten Vortrag seines Kasseler Vortragszyklus von 1909 kommt Rudolf Steiner wiederholt auf den hohen künstlerischen Wert des Johannes-Evangeliums zu sprechen: »Man darf sagen, daß das Johannes-Evangelium nicht nur unter den religiösen, sondern unter den gesamten literarisch-schriftstellerischen Dokumenten zu den größten gehört ... Wo haben Sie in der Welt ein lyrisches Dokument, das so großartig komponiert wäre?! Keine anderen Schriftsteller haben solche Kompositionen gehabt ... Wenn wir nur von der Seite der künstlerischen Komposition her das Johannes-Evangelium betrachten, müssen wir uns in Ehrfurcht vor ihm beugen. Hier wächst alles von Stufe zu Stufe hinauf und steigert sich ... Wir sehen, daß es wahrhaftig kaum denkbar ist, daß ein Kunstwerk künstlerisch vollendeter komponiert ist und sich schöner darstellt als das Johannes-Evangelium . . .« »Das Johannes-Evangelium im Verhältnis zu den drei anderen Evangelien, besonders zu dem Lukas-Evangelium«, Dornach 1925, S. 210 und S. 237/38.

SCHRIFTEN ZUR RELIGIONSERKENNTNIS

BEITRÄGE ZUR THEOLOGISCHEN FORSCHUNG

Herausgegeben von Lic. Robert Goebel

AGAPE

Die göttliche Liebe im Johannes-Evangelium

Von Dr. Rudolf Frieling

Inhalt: Einleitung. Übersicht. I. Die Agape des Vaters: zur Welt; zum Sohn; zu den Jüngern. II. Die Agape des Sohnes: zu den Seinen; zum Vater. III. Die Agape der Jünger: untereinander; zu Christus. Rückblick. Verzeichnis der behandelten Stellen. 68 Seiten, kartoniert.

DIE GNOSIS VON ALEXANDRIA

Eine Frage des frühen Christentums an die Gegenwart

Von Reinhard Wagner

Inhalt: Was gemeint ist. 1. Alexandria und die antiken Mysterien. 2. Philo von Alexandrien. 3. Alexandria wird christlich. 4. Valentinus und die frühe Gnosis. 5. Titus Flavius Clemens Alexandrinus. 6. Origenes Adamantinos. Schlußbetrachtung. Anmerkungen. 190 Seiten, kartoniert.

DIE UNBEKANNTEN JAHRE JESU

Von Reinhard Wagner

Inhalt: Zum Geleit. Einleitung *Vorbereitung.* Die Geburt. Die Beschneidung. Die Auslösung. Kindheit in Nazareth. *Der Weg.* Das Bar-Mizwa-Fest. *Jesus und das Judentum. Jesus und das Heidentum. Jesus und das Essäertum. Das Ziel.* Die Jordantaufe. *Die Versuchung. Die Bewährung am Kreuz.* Anhang: Jüdisches Passah und christliches Ostern. 98 Seiten, kartoniert.

DIE VERKLÄRUNG AUF DEM BERGE

Eine Studie zum Evangelienverständnis

Von Dr. Rudolf Frieling

Inhalt: Einleitung. Die Verklärung auf dem Berge. *Nach Lukas:* Die Frage an die Jünger. Der Übergang zur Verklärung. „Acht Tage danach". Das Beten des Christus. Das Angesicht des Verklärten. Die strahlenden Gewänder. Die beiden Geistgestalten. Das Geistergespräch. Bewußtseinsvorgänge bei den Jüngern. Das Entschwinden der beiden Geistgestalten. Das Hineingehen in die Wolke. Die Himmelsstimme. Das Schweigen. *Nach Matthäus:* Caesarea Philippi. Der Aufstieg. Der hohe Berg. Metamorphose. Die Sonne. Blick auf einen persischen Text. Kosmisches bei Matthäus. Moses und Elias. Petrus. Die Lichtwolke. Die Furcht der Jünger. „Redet zu niemandem davon". Das Eliasgespräch. *Nach Markus:* Unirdisches Licht. Elias und Moses. Der Anteil der drei Jünger. Die Überschattung. Die Frage der Jünger nach dem Auferstehen. Das Besondere des Markusberichtes. 112 Seiten, kartoniert.

VERLAG URACHHAUS STUTTGART